パルミジャーノを
ひとふり

イタリア旅ごはん帖

貝谷郁子

AKISHOBO

パルミジャーノをひとふり

目次

はじめに

たとえばローズマリーの香り、たとえばトマトソースの味、たとえばオリーブオイルでニンニクを炒めはじめた時の香り、たとえば濃いエスプレッソの香りと味……味わいながら目をつむると、いつも、ふっとタイムスリップするような気がする。オンライン地図の一種で、検索窓にイタリアの住所を入れると、今自分がいる場所からアイコンが動き海を渡り大地の上を飛んで目的地に降り立つというものがある。ちょうどそんな風に、ある時のイタリアにすーっと飛ぶのだ。

イタリアの家庭、農園やワイナリー、レストランや食堂を訪ね歩き、お喋りをし、料理を見せていただき、味見させてもらい、時には一緒に作り、時には写真を撮り、時にはこちらが作って食べてもらって……そんなことを楽しく繰り返してきた。住んだことはなく、長い滞在、短い滞在を繰り返す「イタリア通い」だ。何年になるの？　と聞かれ数えてみて三〇年以上経っていることに自分でも驚いた。最初は食の取材・執筆を仕事にしていたのが料理家となり、自分自身も日々料理を作り向き合うようになった。今も新しい発見があり、味や料理や人や店との新しい出会いがあり、尽きることがなく、飽きることもない。

いつまでも飽きないとは人間、進歩がないのかもしれないけれど、何より、イタリア料理はおいしく、イタリア料理はおもしろい。初期のイタリア旅で、料理の話、食の話なら誰もが熱く語ってくれることが嬉しく、あちこちのイタリア人と料理の話をしたい一念でイタリア語を勉強した。雑誌や本の取材旅でも、のんびり旅でも話を聞いて歩いた。知らないことばかりだった時の驚きも、最近はじめて食べた料理の驚きも、私の中では同列に並んでいる。私のイタリア料理の「先生」はイタリアのあちこちで何度も、あるいは一期一会で料理を語ってくれたり、作ってくれたたくさんのイタリア人たち。いま料理家として和風の素材と組み合わせた「和イタリアン」やオリジナルのイタリアンも作るけれど、全てこのベースがあってこそ。溢れるような味の体験から三五の場面をすくいとってみた。一緒に体験していただければ嬉しいです。

i

元気をくれるトマトソース

「好物は何ですか」。イタリアでタクシーに乗るとドライバーに必ず聞いていた。ホテルに泊まればフロントの人に聞き、国内線の飛行機に乗れば隣り合わせた人にも聞いた。

高い確率で返ってくる答えが「トマトソース系のパスタ」だった。お母さんやお祖母さんが作るミートソースをあげる人、唐辛子を利かせたピリ辛トマトソース〈アラビアータ〉をあげる人、野菜、シーフード、肉類入り……トマトソースの種類は星の数ほどあるけれど、そんな中でもダントツに答えが多いのが、シンプルなトマトソースだ。

あなたのベストをひとつ、と聞かれると、シンプルな、やさしい味のもの、飽きないものが浮かぶのかもしれない。日本人で言えば白ごはんと梅干し？　豆腐の味噌汁？　和食で言うと何、ということになると諸説沸騰しそうだけれど、そういう「どんな時でもこれなら」という味なのだろう。外国出張が多いというフィレンツェの友人は、イタリアに帰ってきて「ああ、帰ってきた～」と実感するのは、トマトソースの匂いがした時と教えてくれた。疲れている時、調子が悪い時は、よけいなアクセントなし、具なしのトマトソースが、やさしく寄り添ってくれる。

そしてシンプルなトマトソースにも、家ごとの味、好みがあり、バリエーションがある。バジリコやオレガノなどのハーブを欠かさず使う家、パルミジャーノチーズを火を止める前にソースに入れて溶けこませる人。「これがウチのシンプルトマトソース」と教えてもらった中には、ニンニクだけを入れるというレシピも多い。

ニンニクを薄切りにしてオリーブオイルで炒め、トマトを入れる前に取りだしてしまう「ほんのり派」。細かいみじん切りにして炒めトマトの中に入れてしまう「中庸派」。また包丁の腹でニンニク一片をつぶし、粗く刻んで炒め、そのままトマトとともに煮る「ストロング派」は唐辛子を入れてピリ辛にすることも多い。ほんのりや中庸はニンニクの主張は弱めだけれど、オリーブオイル＋ニンニクは文句なくダシの役割を果たし、味わいが出る。ニンニクをオリーブオイルで炒める香りもまた、トマトソースの匂いと並んで「イタリア料理の香り」の代表格と言えそうだ。

「このトマト缶、ちょっと酸っぱいという時は玉ネギの出番だからね。みじん切りにして、オリーブオイルでよく炒めてからトマトを入れて少し長めに煮ると、酸味がいい具合に落ちるよ」

ローマの「毎日がトマトソース」といってもいいくらいトマトソース率が高い家のママが教えてくれた。

大学生の息子くんは、私がイタリア料理に興味しんしんと知って以来、電話でも、会っても、律儀に前日のごはんを教えてくれたのだが、「トマトソースのパスタ、昨日と一緒」が毎回の決まり文句のようだった。この「昨日と一緒」のニュアンスは、決してネガティブではない。それこそごはんと味噌汁を毎日食べる感覚に近いのだと思う。

そんな「トマトソースパスタ食い」の家の玉ネギ使いは、玉ネギでトマトの酸味をやわらげるということだった。甘くならないように、少しでいい。玉ネギ入りと思われないくらいの存在感がベストというのがママの言葉。いつもと違うトマト缶を買って「あれ？　いつもより酸っぱい」という時の隠し技として私も使わせてもらっている。

「トマトの赤っていい色でしょう？　明るい。鮮やか。こんないい色じゃなければ、もしくすんだ色だったら、イタリアでこんなに広まらなかったんじゃないかと思うんですよ」

赤が鮮やかなナポリ風ミートソースの大鍋を前に力強く話してくれたのは、イタリア南部、ポンペイ遺跡近くのレストランの女主人だ。トマトが南米からイタリアに入ってきたのは一六世紀、食用として普及したのは一八世紀に入ってからと、イタリアでのトマトソースの歴史は意外に短い。それなのに短い間にいっきに広まり国民食になった。味だけでなく、明るい気持ちになる、鮮やかな赤の力も大きいのかもしれない。

パスタの楽しみ

手打ちパスタ作りをはじめて見た時、材料が出てきた時点で驚いた。普通の白い小麦粉だったからだ。パスタといえば硬質小麦「セモリナ粉」と刷り込まれていた。パスタ工場で、クリーム色をした小麦粉と水が合わせられ、練られて生地になり、大きな型を通ってスパゲッティになったりショートパスタになったりするところも見ていた。白くはなかった。

手打ちパスタは、パン作りなどと同じ普通の強力小麦粉と、卵が主な材料。だから手打ちパスタが少し黄色がかった色になるのは小麦粉の色ではなく、卵の色なのだと教えてもらった。実際には地方によってはセモリナ粉で手打ちをするところもあるし、市販の手打ち風パスタはセモリナ粉が多い。しかしフィレンツェで、ルッカで、ローマで、ボローニャで……。そして家でも、レストランの厨房でも、たいていは白い小麦粉が材料だ。

私が好きなのは、手打ちパスタの「自由さ」だ。たとえば一キロの小麦粉に卵を何個使うか、水は何cc入れるか、会う人ごとに違った。そして、「これがベストだ！」と力んで語る人はほとんどいないのだ。

「このソースにはこれがベスト」

「うちの家族にはこれがベスト」

「年を取ってきて、最近力がないから今はこれがベスト」

「うちのレストランのメニューにはこれがベスト」等々。

水分量はパン生地のように多いわけではないので、固い生地をこねるには力がいるのだが、「力がないなら水を多めにすればいいのよ」と、長年手打ちを作ってきた女性がにっこり笑ったのは嬉しかった。それぞれでいい、打つ人が文字どおり加減すればいいのだ。

手打ちパスタはきしめんのようなどと日本で言われるタリアテッレをはじめ、どんな形のものでも食感は柔らかめだ。一方、乾燥パスタは、かんだ時に芯に歯ごたえのある「アルデンテ」の食感が命。どちらも小麦粉から作る同じパスタなのに、大きく違う。手打ちと乾燥パスタを「蕎麦とうどんほど違う」と言いたくなるのは、このあまりの違いゆえだ。

ゆで方次第で、おいしくもなり、まずくもなってしまうのが乾燥パスタだ。家にお邪魔すると、その家のおばあちゃんや、お母さん、お父さんが、キッチンでパスタをゆでながら時間を計り、一本取って小さな子どもに食べさせているところをよく見かける。

「どう?」

「うん、もうちょっとかなあ」

「よし、もう一分ゆでて止めようね。もうすぐゴハンだよ」

そんな会話が交わされる。真ん中に、細い芯が一本残ったようなゆであがりを、こうして体で覚えていくのだ。ショートパスタの場合は「真ん中の芯」はないが、硬すぎず、かつ歯ごたえが残るところで、引き上げる。そして、このソースには、どのパスタが合うというのもまた、体で覚えていく。

「パスタを何種類も常備しているのは、イタリアでは普通のこと。お金がかからない食の贅沢かな」と友人のロベルタは笑った。パスタは完全乾燥食品で消費期限は三年だから、何種類あっても期限切れの心配はない。彼女の家では、「スパゲッティ（太めしっかり）、スパゲッティーニ（細め）、ペンネ（ペン先型の管状）、リガトーニ（太い管状）、フジッリ（くるくる螺旋状）は常備。リングイーネ（断面が楕円形のロングパスタ）は魚介のパスタを作る時に買うけど、ない時もある。そのほか全粒粉のスパゲッティもある。スープ用の小さいのは子どもが小さい時は常備してたけど今は冬だけ買う。そんな感じかな」

同じスパゲッティでも、ミートソースをはじめ、かなりしっかりしたソースには太いもの。生トマトをさっと炒めたようなあっさりソースには細め。中くらいの太さはその中間の、強すぎないソースに、と三種類常備している家も多い。同じように、あっさりソースには食感が控えめな小さめのショートパスタ、こってりソースには太めや存在感が強いショートパスタ。「決まり」はないけど、「合う合わない」の感覚で選ぶ。形や太さの違いだけなのに、そこにはソースとの相性があり、選ぶ楽しさもある。蝶々、パイプ、ペン先、貝殻、チューブなどなどなど。「何十種類あるかなんて、知らない、そもそも数えられないよ」とみな笑う。パスタはイタリア人の想像力《ファンタジア》の賜物なのだというのは、本当だなあ、と思う。

ゆで過ぎ野菜の大発見

イタリアでよく売れている冷凍食品といえばほうれんそう。ボイルされ、小さなにぎりこぶし状に丸められて一パックにいくつも入っている。さっとオリーブオイルとニンニクで炒めるのが一番オーソドックスな使い方だ。かなりしっかりゆでられていて、日本のほうれんそうのおひたしや韓国料理のナムルなんかと比べても、ゆですぎ、柔らかすぎのレベルだ。でもイタリアではこれがいいらしい。冷凍だからかなと思っていたら、家でゆでてくれたほうれんそうも同じだった。どうしてだろう、色もくすんでしまうし、こんなに柔らかくなくてもいいのに。

イタリアに通いはじめの頃、そう思いながら日本に帰り、さっとシャキシャキにゆでて、イタリアで買ってきたおいしいオリーブオイルで軽く炒めてみた。ん？　なじまない。はじく。浮く。分かれる。オリーブオイルが、シャキシャキほうれんそうと一体化しないのだ。このへんにいればいいですか？　ほうれんそうと一緒になれ？　いやいや無理ですよ。近くにいることしかできません。オリーブオイルがそう言っているような感じなのだ。

しょうがない、では、もっと長くゆでてみよう。ちょうどいい頃合いになっても引き上げず、がまんする。くたくたにゆでて火を止めた。ぎゅうっと搾って水気を切って、炒めてみる。オリーブオイルがよくなじむ。全然違う。そうか、オリーブオイルとよく合うように、よくなじむようにイタリアでは野菜はゆで過ぎにするんだ。大発見をしたような気がした。

その後、家庭やレストランのキッチンにお邪魔して、いろいろな野菜をゆでるところを見ることもたびたびあるが、常に（日本的には）ゆで過ぎだ。わかっていてもつい驚いてしまう私に、友人のママが「実験しようか」とさやいんげんをゆでてくれた。塩を少しお湯に入れてゆでると、シャキシャキのゆで加減の時にちょうどきれいな緑色になる。ここでママはさやいんげんの半分を取り出した。残りはそのまま。色があせていく中をじっくり、くたくたになるまでゆでた。それぞれ、水をかけて冷やし、オリーブオイルをたらし、塩をふり、少しの赤ワインヴィネガーを。いつもサラダを作る時に計量などしないのだが、実験だからね、とスプーンで計って、両方同じ量のオイルとヴィネガーを入れてくれた。やっぱり味なじみが違う。くたくたのおいしさよ！

このゆで過ぎ野菜が生んだ名パスタがある。長靴のような形をしたイタリア半島の南端、かかとのあたりにあたるプーリア州の名物、ブロッコリーのパスタだ。プーリア出身でトスカーナ州に住む友人が作ってくれた。まず、鍋でブロッコリーをゆでるのだが、ゆで過ぎの極致までいく。ちょっとフォークでつついただけで房がくずれるくらいになってから友達はやっとザルでブロッコリーをすくい取り、パスタを投入。惨状と言いたいくらいのぐずぐずブロッコリーだ。フライパンにはニンニクと、少し多めのオリーブオイルとアンチョビ。弱火にかけ、香りが立ち、アンチョビが少しずつバラバラになっていき、形がなくなる。そこにぐずぐずブロッコリーを入れて軽く炒めたら、ゆでたパスタを投入する。パスタをザルにあげるので、お湯の中に残っている細かいブロッコリーのくずも全部一緒にザルにあがり、無駄もない。

炒め、和えるうちにブロッコリーはさらにくずれ、細かくなり、オリーブオイルとともにパスタにまとわりつく。パスタに広がる緑色。ブロッコリーだとはわからないくらいだ。これは素朴ながらオリーブオイル、ニンニク、ブロッコリーの香りと風味がしっかり味わえて大好きな一品になった。

少しのゆで過ぎから、かなりのゆで過ぎまで。ゆで過ぎなんてもってのほか、アルデンテが作法のパスタとは真逆の、野菜の作法である。

カルボナーラの授業

日本で名前を知られているパスタというと、昔はミートソースにナポリタン。今はカルボナーラも五本の指に入るだろう。ああ、卵とベーコンで作るヤツね、と食べる人も作る人も多くなった。まだカルボナーラがあまり知られていない頃、私もよく知らず、ローマでの二度の「授業」を受けて、覚えた。ローマは、カルボナーラスパゲッティ発祥の地とされている。

最初の授業は、コレイン家のキッチンだった。予定外にお邪魔したのだがカルボナーラならできるからとランチをごちそうになったのだ。コレイン家のママは棚から太いスパゲッティを出す。カルボナーラには細い華奢なパスタは合わない、一・

八ミリ前後の太いスパゲッティが必須。これが最初に教わったことだ。

材料は、ベーコン、チーズ、黒胡椒、卵の四つと、スパゲッティをゆでる時の塩だけ。ベーコンは、豚バラ肉を塩漬け、燻製したものだが、イタリアでは同じ豚バラ塩漬けながら、燻製していないパンチェッタを使う。すりおろして使うハードチーズはパルミジャーノの家も意外に多いというが、ローマではペコリーノチーズを使うのが正統派。ペコリーノとは羊乳のチーズで、パルミジャーノより香りが強い。卵は卵黄だけを使用する。

大鍋の湯が沸いたら、塩を入れてスパゲッティを投入。そしてパンチェッタを炒めはじめる。いい匂いがキッチンに充満し、じゅうじゅうと音がする。焼き色がついて、脂もどんどん溶け出て、フライパンに溜まっていく。カリカリ一歩手前くらいのところでママは火を止め、脂を小鉢に取り分けた。捨てるんですかと聞くとあとで使うという。

パンチェッタ本体は大きなボウルへ。続けてすりおろしたチーズと卵黄を入れてまぜる。タイマーを横目で見ると、あと二分でスパゲッティがゆであがる。ここでママは胡椒ミルを取り上げ、ボウルにガリガリと挽き入れた。

「黒胡椒は、パスタと合わせる直前に挽くんだよ。ギリギリにね。早くから挽いてのんびりしてちゃだめ、香りが飛んじゃうから」

ママは、左手を斜め上にあげてひらりと返す。その手のように香りが飛んで、弱くなるというのだ。

全部をよくまぜてクリーム状にする。そしてそこへ、さっきの脂を少し加える。ここに使うために取っておいたのか。出る脂の量が違うから、入れすぎ防止に、取り分けてあとで入れるのだと教えてくれた。そしてゆで汁も少し。どちらも大さじ一くらいで、適度にクリーミーにするための液体だ。そして最後の仕上げはせいぜい一分くらい。ゆであがったスパゲッティをザッザッザッと湯切りし、ボウルに入れると同時にがーっと、ものすごい速さで和えて、カルボナーラはできあがった。

「ほら、できた。これが本場だよ。さ、早く食べて」とママは私をせきたて、家族を呼んだ。スパゲッティ一本一本にチーズ+卵+胡椒の合体ソースがからんでいて、どんどんフォークが進む。せかされなくても早食いをしたくなる味だったが、ママがせかすのにはわけがある。卵の黄身のせいで、カルボナーラの麺はすぐに乾いてくるのだ。和えた瞬間のクリーミーさは、刻々と失われる。おいしい時に食べるには、とにかく早く食べることとしかないのだ。和えるのも食べるのもとにかく早くというのが、この授業の重要ポイントだった。

この一回目の授業のあとしばらくは自習。ベーコンとパルミジャーノチーズを使って家で何度もカルボナーラを作った。イタリアの書店で、パスタブックを時には買い、時には立ち読みして、カルボナーラのレシピをチェックした。黄身だけではなく全卵を使うレシピや、玉ネギを入れるレシピ、生クリームを入れるレシピがあることを知った。そんな中でイタリアの友人たちのレシピは、南北問わず、ローマのママと基本は同じだった。「生クリーム？　玉ネギ？　白身も入れる？」ノーノーである。特に生クリームは、外国のイタリアンレストランでは入れるところが多いらしいと憤慨している人に何人も会った。

こうして自習をしていた頃に受けた二回目の授業は、ローマのレストラン。ナポリから日帰り出張に来ていた友人との軽い夕食で、イタリア人ビジネスマン客が多いというカジュアルなレストランに行ったのだ。二人でカルボナーラを注文した。運ばれてきたカルボナーラをひと口食べた友人が言った。

「生クリームがちょっと入ってるよ。でもまあ許せるかな。どう思う？」

確かにかすかに生クリームの風味がある。少量のようで、主張はしていない。でもイタリア人客がほとんどの店なのに生クリームを？「味は悪くないと思うよ、でも……」と解せない顔の私に、友人は、周りを見回して「生クリームは乾燥防止でしょう、この広さだし、厨房から遠いし」と言った。

できあがって盛りつけてから、運ばれ、テーブルに着き、客が食べるまで。どう急いでも時間がかかる。そうか、そのための生クリームなのか、と納得した。家なら歩いて三歩だから要らないけれど、小さな店でなければ、あるいはフロアの人数が多くてカルボナーラを特別扱いできる店でなければ、時間との戦いなのだ。そんな時はほんの少しの生クリームはあり。すぐに食べられる家なら、とにかく急げばいい。高級料理でも、難しい料理でもないカルボナーラだが、実はなかなか手がかかるヤツなのである。

煮込みに煮込んだスープパスタ

イタリアの五月の陽射しは強い。半日外にいるだけで日焼けするくらい〝熱い〟。気温も上がる。ところが昼間でも、家の中や日陰は、すぐそばの陽光の下が別世界のようにひんやりする。そんな日のお昼前、ピサの斜塔で知られるピサ県の南の端にあるアンジェラの家を訪ねた。野菜とハーブの菜園が脇にあり、奥にはオリーブと葡萄の畑が広がる。キッチンには大きな鍋がかかっていた。お母さんがお昼ごはんを作ってくれていたのだ。

オリーブ畑と葡萄畑、その脇に野菜とハーブの菜園。田舎の家は、街より気温差が激しい。

「ロースト用に買った鶏もも肉を少し、スープ用に取っておくんだよ。鶏ガラといっしょに煮る。とにかくじっくり煮るとおいしくなるからね」

鶏ガラと鶏肉の間に、セロリと玉ネギらしいものが見える。どれもぶつ切りだ。そしてローズマリーの枝。

「私だったらもうできあがりと思うタイミングから、二、三〇分はよけいに煮てるよ、いつも。とにかく長いの」と横からアンジェラが言う。料理好きなアンジェラがそう感じるくらいだから、お母さんは相当じっくり煮込むのだろう。アクも何度も何度もすくう。手間を省くレシピをいつも考える私だが、おいしさを産む手間も確実にあるなあ、と見ていて痛感する。

こうしてスープがとれたら、今度は野菜を煮る。この家ではキャベツ類に決めているという。この時は、ヴェルザ（ちりめんキャベツ、サヴォイキャベツ）だった。キャベツの仲間だが、葉っぱが細かいシワシワ。私の目からは、白菜とキャベツの中間地点にいるようにみえる野菜だ。細かく刻む。そして、鶏と一緒に煮たぶつ切り玉ネギとは別に、刻んだ玉ネギも少し入れる。

「キャベツがとろとろになる一歩手前まで柔らかく煮るからね。スープの味をたっぷり吸ってくれる」

これも弱火だ。鼻息で消えそうな弱火がいいらしい。一五分くらいかかっただろうか。ここでパスタを持ってきた。パスタをスープに入れる前に、外で遊んでいる子どもたちを呼ぶ。できあがってから呼ぶのでは、パスタがスープを吸い過ぎて、おいしい時を逃してしまうからだ。外の暑いところで、半袖半ズボンで走り回っていた子ども二人は、アンジェラの息子と私の息子、ともに六歳。手を洗い、先に着替えだ。

パスタはアルファベットと数字がかたどられたミニパスタを入れた。これもよく使うよ、と見せてくれたのは、お米の形をした「リゾーニ」と呼ばれる小さいパスタ。スプーンですくって食べるスープパスタに合うという。

家の中に数分いると、〝熱〟も下がり、あたたかい食べ物がちょうどよくなる。鍋からスープ皿に取り分けると、いい匂いの湯気が立ち上る。

「おばあちゃん《ノンナ》、たくさん入れて」とアンジェラの息子くん。

仕上げはパルミジャーノチーズとオリーブオイルだ。そのままではちょっと物足りない塩味薄めのスープに、すりおろしたパルミジャーノチーズをパラパラと散らす。オリーブオイルをたらりとかける。熱いスープにかけるから香りが広がる。

「召し上がれ」

アンジェラの息子は勢いよく食べはじめ、私の息子はひとくちふたくちそっと食べてにっこりし、「ノンナ！　ブオノ！　ブオノ！」と叫んだ。おばあちゃん、おいしいよ！　旅の前に覚えてきたイタリア語数語のうちのひとつが「おいしい《ブオノ》」。そのあとはスプーンが進む進む。真剣な表情で食べ進んだ。

「おかわりは？」というおばあちゃんの問いかけに、子ども二人は揃ってうなずき、大人たちもおかわりをして、大鍋はみるみるうちに底がみえるくらいになった。

それまでも、スープパスタは何度かあちこちでごちそうになっていた。かきたま汁のように溶き卵を入れたもの、細いスパゲッティをポキポキ折って入れたもの、トマト味のもの、どれもそれぞれおいしかったけれど、この時以来、私のスープパスタのお手本は、この五月のスープパスタになった。

鶏ガラか、鶏もも肉と鶏挽肉のミックス。玉ネギや、セロリと一緒に煮る。白菜を刻む。よくよく煮る。塩味をつけて、ミニパスタを入れる。できあがったら皿によそってパルミジャーノをすりおろし、オリーブオイルをたらす。透明なスープ。立ち上る香り。自宅の朝のいつものキッチンに立っていながら、一瞬、ほの暗いアンジェラの家のダイニングキッチンが見えるような気がする。

味噌とオリーブオイルの出会い

「少しだけ和風のイタリアン」を、イタリアでときどき作る。リクエストにこたえて作ることもあれば、食べてみて、と私から試食会をすることもある。イタリアで味噌を使ったイタリアンをはじめて作ったのは二〇〇五年。日本食や寿司は、今やイタリアでも珍しくなく、玉石混淆ながら食べられる店もかなり増えている。普通のスーパーの総菜コーナーに寿司があったりもする。でもこの頃はまだ、都会の日本食店に行かないと味わえないものだった。醬油はスーパーにもあったけれど、味噌なんて、イタリア人は味を知らないのが普通だった。

試食会はピサ県の田舎にあるアンジェラの家で。味噌はイタリアンに、とくにトマトソースに合う、と何度も試したレシピで、サーディンの味噌トマトソースパスタを食べてもらおうと決め、味噌を持ってきたのだ。泊まっている友人の家のキッチンで味噌を出し、これは大豆を発酵させて造ったペーストで、イタリアのトマトソースのように日本ではどこの家でも食べるスープのもとになると説明して、料理をはじめた。

ニンニクをオリーブオイルで熱し、いい匂いがしてきたら缶から出して油を切ったサーディンを入れて炒める。パセリは庭からとってきてもらい、刻んで入れる。ここまではごく普通のイタリアン。そこで味噌の出番だ。フライパンに入れる前に味噌にオリーブオイルを入れて、まぜておく。

そして、フライパンの端にこのオイル味噌を入れ、フライパンで熱したオリーブオイルで溶くように炒める。

「そのミソって、あとでトマトソースに入れてまぜるほうがラクじゃない?」と見ていてもっともなことを言うアンジェラ。もちろんそれでもできるけど、体験からこのほうがおいしいの、と説明した。

「イタリアンに使う時は、味噌に最初に〝会う〟のは、オリーブオイルじゃないとだめな気がする。他の素材に先に会わせるのはダメ。だから最初にオリーブオイルとまぜて溶くの。そのうえでオリーブオイルで炒めるともっとおいしくなるんだ」

オリーブオイルと一緒にしてから他の素材にまぜるほうが、よくなじむのだ。トマト水煮を入れて煮はじめてから味噌を入れると、味噌の風味が浮いて、少量なのに強過ぎる感じがする。

オリーブオイルで炒めはじめてもすぐに溶けるわけではない。味見をしたいとアンジェラが言い張るので、このままじゃそんなにおいしくない、しょっぱいよと釘をさし、少しだけ小さなスプーンで取って渡す。料理好きな彼女は「全身を耳にする」ならぬ「全身を舌にする」ような気合いで目をつむって舐めた。

「おいしいよ。豆っていうより、アンチョビの遠い親戚みたい」

少ない量を使う、しょっぱくて、味わいがある。確かに似ているかもしれない。

炒めたオリーブオイル味噌をフライパン全体になじませたら、トマトを入れて煮る。そのあとのプロセスは再び普通のイタリアン。分けて食べやすいようにとペンネをゆでて、和えた。

何が入っているかは言わずに、ちょっとだけ日本風なんだと言って食べてもらった。

「これおいしい！　トマトだけじゃないのはわかるよ。何が入っているの？　作ってみたい」

まず気に入ってくれたのはアンジェラのお姉さん。「正体」を知っているアンジェラが解説してくれる。この近所には売っていないと聞いて、残念がるお姉さん。隣家のカップルにも好評。そしてふだんは異国料理を食べないお母さんもおそるおそるひと口食べて、おや、と目を丸くした。

「おいしいじゃない、これなら大丈夫。また作りにきてちょうだい」

味噌トマトソースはこうしてデビューしたのである。

イタリアのリゾット、日本のリゾット

イタリアの米料理には夏に人気のサラダもあれば、スープもある。でもイタリア人が米といって連想するのはリゾットだ。

〝米は水の中で生まれ、ワインの中で死ぬ〟

リゾットを作ってくれたミラノの女性マーラさんが教えてくれた言葉。それ以来リゾットを作る時はもちろん、お店で食べる時も必ずこの言葉が頭をよぎるようになってしまった。水の中で生まれ、は日本もイタリアも水田で稲作をするのですんなりうなずける。ワインの中に死ぬ、はリゾット作りのプロセスのポイントである。

リゾットのレシピはいろいろあるが、九割がたは刻んだ玉ネギをバターやオリーブオイルで炒めるのが最初の作業。そのあと具になる素材を入れて炒め、米を入れて炒める。死ぬのはこのあとだ。米全体に油が回ってツヤツヤし、具となじんだら白ワインを入れるのだ。熱い鍋底と米に冷たいワインがあたった瞬間「ジャッ」という音が出て、すぐ静かになる。死んだ、ということだ。

死んだあともだいじだ。レストランでメニューに、リゾットは注文からお時間をいただきます、と書かれてある理由であり、夏は暑いからリゾットは作らないの、と女性たちが言う理由でもある。スープを少しずつ入れ、まぜながら炊いていくのだ。鍋にフタをしたまま放っておくとリゾットにならない。いっきにスープを入れると、ごく普通に表面も中も同じ柔らかさに炊けてしまうのだ。リゾットは、あくまで米の中心に芯があってちょっと硬く、でも外側はトロトロというのが理想。おたま一杯くらいのスープを少しずつ入れ、そのたびにかきまぜることで米の外側が溶け加減になり、でも中は芯が残る。スープや具の味がトロトロと一緒に米にまとわりつくというわけだ。

この作り方は、魚介のリゾット、野菜のリゾット、きのこのリゾット、ワインのリゾットなどなど、どのリゾットにも共通だ。ピラフでもなく、雑炊でもない食感。このリゾットの食感が好きで、いつも木べらでかきまぜて作る私だが、イタリアで一度だけ、わざと中途半端なリゾットを作ったことがある。作ったのはきのこのリゾット、時は晩秋、場所はトスカーナ州の西の小さな町、ルッカのワイナリーだった。

日本の味を食べてみたいというワイナリーの主のリクエスト。自分のところのワインと一緒に食べたいというので、純和食より和風イタリアンにしようと考えた。丘の上のワイナリーはかなり冷えるだろうから、とリゾットを選んだ。

かつおぶしと醤油は日本から持っていった。米、玉ネギ、きのこはイタリアのものを使う。鍋でお湯を沸かし、かつおぶしを入れ、ザルで漉《こ》してダシスープを作っておいた。オリーブオイルで玉ネギを炒め、刻んだきのこを炒め、米を炒める。そしてこのワイナリーの白ワインをもらって、決まりどおりにワインの中で米に死んでいただく。カップ半分くらいずつかつおぶしスープを入れるが、かきまぜは少なめにすることにした。

しっかりかきまぜてトロトロ&しっかり芯の本格リゾットの食感になると、強すぎてかつおだしに合わない気がしたのだ。かといって雑炊のように、お米が完全に柔らかく煮えてしまうとイタリア人には違和感が強そうだ。間をとろうという選択だ。かきまぜを少なくして、中途半端をめざした。塩と薄口醤油ごく少量で味をつけ、イタリアの青ネギを散らした。オリーブオイルをかけて軽く塩をふったかつおぶしを真ん中にちょんとトッピング。リゾットに比べて少しだけ汁気があり、少し柔らかい。

キッチンのドアを開けて、皆が待つ部屋へ。「みなさ〜んお待たせ、リゾットできましたよ〜」と言いながらリゾットをのせたお盆を持ってテーブルに向かう私。盛大に湯気が出ていて、かつおぶしの匂いと、きのこの香りが立っている。

二歩歩いたところで左腕に誰かの「手」と鼻息が?

「何してるのドゥケッサ! うわ、ごめんなさい。こんなことしたことないのに」

手と鼻息は犬のドゥケッサのものだった。あわてて飛んできてなだめ叱る女性。大型犬だがふだんはとても穏やかだというドゥケッサは、かつおぶしの香りに我を忘れて二本足になり、リゾットに近づこうとしたらしい。ふだんの料理にはそんな反応はしたことがないという。明らかにかつおぶしが気に入ったのだ。

「あっさりしてるね」「食べやすいよ」「さっぱりしてるからもっと食べたいな」。幸い人間たちの評価も良かった。すぐに完食され、ドゥケッサには、持ってきたかつおぶしの残りをちょこっとだけあげたのだった。

地味なリゾット、派手なリゾット

イタリアといえばデザインの国、鮮やかでセンスのいい色使い、見栄えするスタイルというイメージが強い。料理も同じで、派手という印象を持っていた。たとえば海の幸のパスタや海の幸のリゾットなら、頭付きのエビが斜めに立っていたり、ムール貝の殻がきれいに並んでいたり……そんなフォトジェニックな皿をイメージしていた。そんなイメージがひっくりかえったのは、あるレストランで出会ったリゾットのひと皿だ。

場所はヴェネツィア。ヴェネツィアは海の潟に浮かぶ島なので、海の幸は豊富にとれる。街の中心にある〈リアルト市場〉も魚介のスペースが大きく、種類が多くて賑やかだ。カニ類、ムール貝やあさりにはじまるさまざまな貝類、シャコやエビ、イカ、イイダコ等々……バラエティ豊かな海の幸が並び、海の幸を使った郷土料理も多い。

そんなヴェネツィアで、地元のイタリア人に人気の、リゾットの有名な店を紹介してもらった。観光客はほぼいないと聞いて興味しんしんで出かけた。ご夫婦で切り盛りしている店とのことだが、ランチ時間の終盤でもテーブルはかなり埋まっている。

もちろん、海の幸のリゾットを注文し、ドキドキしながら待った。リゾットが運ばれて来た。第一印象は、ひとこと「地味」に尽きた。

どうやら、すべての具が細かく刻まれているようだ。何が入っているのか、パッと見には何もわからない。目立たないことこの上ない。この時メモした私のノートには「見た目が……。海の幸、贅沢なのに刻み」と書いてある。

ところがひと口食べて、「目立たない」や「地味」は間違いだとわかった。海の幸何種類もが一緒になって生まれる深い海の味と言いたくなるようなうまみ。お米にもしっかりそのうまみが移っている。ちょうどよい塩気だ。新鮮だからだろう、イカやエビの歯ごたえもいい。具材となる海の幸はエビや貝類、スープも魚や海の幸をゆでたものを使うというのが基本の「ヴェネツィア風海の幸のリゾット」。細かくなっているので色でわかるのはエビくらい。それ以外にイカらしきものも二種類入っているようだ。昼なので飲まないつもりでいたが、あまりのおいしさに、グラスの白ワインを一杯、食べはじめてから注文してしまった。ワインを飲まないともったいないという感覚である。

食べ終わってから厨房の入口に行き、料理人に少しだけ話を聞いた。

「そりゃあ、切らないでどーんと見せるほうが、見栄えはいいね。それに、細かく切らないほうが作るのもラクだよ！　でも、味が出ない。カッコよくても味が良くなきゃ何にもならないからね」

ご主人自身も、地味な風貌ではあったが、声には力があった。リゾットには、エビ、ムール貝、ほたて、小イカ、イイダコが入っているという。スープは、カサゴやメバルなどの魚でとっているという。

「見た目より味で勝負だから。ま、だからこんな風にね」

そうしめくくって、こんな風に、のところでお客さんがいっぱいのフロアに目をやって笑顔になり、厨房に戻っていった。

リゾットを極めようと、その日の夜もヴェネツィアの運河沿いにあるエレガントな店に行ってみた。ぱりっと白と黒を纏《まと》ったスタイリッシュなウエイターやウエイトレスがフロアを行き来している。客には旅人らしいカップルや家族が目立つ。やはり海の幸のリゾットを注文した。鮮やかな赤の大きなエビの頭がリゾットから飛び出し、ムール貝の殻がきれいに飾られている大皿が届いた。イカも大きめカットなのでよくわかる。見た目は良い。が、味は「いまひとつ」だった。まずくはないけど、味わいが薄い感じで、お昼に食べた刻みリゾットには勝てない。

フォトジェニックでおいしい料理ももちろんある。でもリゾットに限っていえば、刻んで味わい全開のほうに軍配が上がると実感した。贅沢な「刻み」だ。

かくして私の海の幸リゾットも、質実剛健、刻み海の幸になった。でもトントンと刻んでいるのに、最後の少しだけは大きめに切ってしまう。そして、それを少しだけリゾットの中央に置いてしまうのだ。「こういうの入れてあるからね。見て！」と言いたくなる。まだまだ修業が足りない。

ピッツァ窯の前で

ピッツァと言えば南イタリア最大の都市ナポリが有名。はじめて窯焼きを見学したのは、ナポリでも一、二を争う伝統のピッツェリア〈ブランディ〉だった。日本にまだ石窯ピッツァの店がほとんどなかった頃だ。

ナポリで仕事をしている一家のアパートメントに泊まっていた私は、街中を歩く時は気をつけて、カメラを見せないで、と心配する友人に送られてブランディを訪れた。ここでピッツァマルゲリータが生まれたという石板が店の外壁に取り付けられている。ピッツァマルゲリータは真っ赤なトマトソース、まっ白なモッツァレラチーズ、そして緑のバジリコが具のシンプルなピッツァだが、イタリアの国旗の色であること、諸説あるが一九世紀の終わりのイタリア王妃マルゲリータの逸話にちなんだ命名でもあり、ナポリピッツァの代表格だ。店主は石板の前で歴史を語り、そのあと窯に連れていってくれた。

ピッツァの生地は長い発酵時間を経て一個分ずつに分割され、丸められて出番を待っている。営業時間内はひたすらのばして、のせて、焼いていくのである。メニューにはかなりの種類のピッツァが並んでいるが、やはり注文が多いのはマルゲリータ。職人頭のエンツォがソロコンサートのごとく、ピッツァ作りを披露してくれた。何枚も続くマルゲリータ・ラッシュを見学したのだ。

丸いタネを手に取り、台の上に置き、片手でおさえて平たい丸にする。それをさらに手で広げ、手首を支点にして指を広げて生地を押さえ回し、広げていく。ナポリピッツァは麺棒を使わずのばすのが流儀。よく発酵した生地はよくのびるから麺棒は要らないのだという。そのうえ、のばす台は大理石。冷たさをキープするので生地がダレることなく、くっつくこともなくきれいにのばせる。〝真のナポリピッツァ協会〟の認定店の条件のひとつに「大理石の台で手でのばす」があるくらいだ。

大理石の台にのばした生地を三枚置いて、トッピングのはじまり。

トマトソースを周りだけを残し、生地全体にのばす。

水を切ってちぎってあるモッツァレラチーズを散らす。

パルミジャーノチーズを少量ふりかける。バジリコを散らす。

そして最後に加わるのは、オリーブオイルだ。細い注ぎ口の小さなオイル差しを持って、少し上からスピーディーに動かし、さーっと全体にたらす。上からたらすほうが「速く細い線で」オイルを少量たらせるからだという。ピッツァしゃもじにすっと移し、形を整えたあと、親指で周りをつっつっつ、と押して凹凸をつける。すべての動きに無駄がなく、なめらか。流れるようにのばし、のせ、たらし、窯の中へ。

五〇〇度にもなるという窯の中で、ピッツァはみるみるうちに焼けて、指で凹凸をつけたところに焼き目がつく。温度の高さゆえ、あっという間においしそうな焦げ目がつき、チーズも溶けてソースは熱くなり、すぐにできあがりだ。

この店の窯は、フロアからは遠く、お客さんからは見えないところにある。だから、窯を見せる店とは違い、ショーアップの必要はない。それでもひとつひとつの動作全てが楽しげに見えるのは、「実際、楽しんでいるからだよ」とエンツォはまじめな顔で言った。

ピッツァのとりこになった私は、その後、生地は日本の小麦粉で、少量で、打ちやすく焼きやすい水の量で、と何度も何度も試行錯誤した。手だけでのばせる柔らかさは難しく、アクロバットピッツァのように上に投げている間にのばすという芸当もできない。のばす時には少し麺棒も使う。でも、生地をのばしたあと、焼きまでの工程は、順番もやりかたも、この時のエンツォのやり方をそのまままねし続けている。

ピッツァ占い

〝イタリアのピッツァは日本のラーメンみたいなものだ〟とたとえているのを読んだことがある。

イタリアではピッツァは丸いまま客のところに運ばれ、ナイフとフォークで、めいめいが切り分けて食べる。人とシェアして食べることはまずない。シェアすることが多い日本での食べかたとは違い、「注文したものは注文した人が完食する食べ物」ということで、「ピッツァはラーメン」。なるほどそのとおりだ。

イタリア人がピッツァを食べるのをみると、ピッツァ占いができるな、と思うのはこの食べ方ゆえ。丸い一枚を、それぞれが好きなところから、好きなように切って食べ進む。切り方、ひときれの大きさ、進む方向、食べ方、と、みな違うからだ。

初対面のご夫婦がいるグループでピッツァを食べたことがある。女性は、話す声も小さめでもの静かな印象なのだが、かなり大胆にひと口には大きすぎるくらいに切り、それを丸めて口に入れて食べている。その女性の夫は、話し声も笑い声も大きく、ひとことでと言われたら「豪快」と言いたくなる雰囲気なのだが、その雰囲気とは裏腹に几帳面に四角く、かつ小さく切って食べている……。ちょっと話しただけではわからないほんとの性格が出ているのかな、と思わせられた。

ピッツァ占いは、トッピングの好みでもできそうな気がして、一時期、会う人ごとに好きなピッツァを聞いてみていた。種類が多いなか、別格なまでに人気の二種がある。それはイタリア国旗の色のマルゲリータ（赤＝トマトソース、白＝モッツァレラチーズ、緑＝バジリコ）とマリナーラだ。マリナーラはモッツァレラチーズなしのトマトソースだけ、オレガノがアクセントという、マルゲリータよりもさらにシンプルなピッツァ。この二種のどちらかをあげる人が半分くらいいるだろうか。それ以外となると、結果は実に人それぞれで、もしかしたら同じものをあげた人に会ったことがないかもしれない。

ローマの友人のお宅では、できたばかりのれんがの手作りミニ窯で、ピッツァをごちそうしてくれた。紫玉ネギのピッツァとじゃがいものピッツァをかわるがわる焼いてくれたが、素朴で食べ飽きないおいしさだった。

また、農園を営む老夫婦の家に、五人の孫たちと客（私と息子）が集まった子どもが多いピッツァ会では、サラミをびっしりのせた一枚が、歓声で迎えられていた。

ローマの下町トラステヴェレで人気の切り売りピッツァ屋さんでは、生のルコラと薄切りのパルミジャーノチーズを焼いたピッツァにのせたタイプが一番人気だと店の人が教えてくれた。

マルゲリータ発祥のピッツェリアに通っているのに食べるのは常にピッツァ・ビアンカ（トマトソースをのせないモッツァレラだけのホワイトピッツァ）だけという人もいた。

菜園風《オルトラーナ》というナスやピーマンを炒めたものをのせたピッツァがおいしいと力説する人もいれば、油っこいからやめたほうがいいよと忠告してくれる人も……。

聞くたびに違うピッツァが登場する。「みんなそれぞれ」にしかならず、占いは無理そうと最近はあきらめている。

フォカッチャに覚醒

フォカッチャはイタリアじゅうで作られ、食べられているパンの一種。材料は小麦粉、イースト発酵で塩味というところはイタリアの食事パン類ともピッツァとも同じだが、オリーブオイルを生地に入れるのが特色だ。そして基本的には平たい。最初に食べたのは、イタリア北部のジェノヴァ、好きになったのは、フィレンツェ郊外でのフォカッチャランチからだ。

フォカッチャといえば、どこより有名なのはジェノヴァだよ、発祥の地という説が有力、と教えてもらい、ジェノヴァを訪れた時はフォカッチャ屋を見て歩き、中心街をうろうろした。他の地方では見かけない、「フォカッチェリア」というフォカッチャの専門店がいくつもある。そのうちの三つの店でオリーブのせ、玉ネギのせ、プレーンの三種を購入し、ホテルでひとり味見大会をした。

どれも生地はかなり柔らかく、オリーブオイルの香りが強いふかふかパンという風情。きらいじゃない。でも、イタリア料理はオリーブオイルを使ったものが多いのだから、パンにはオイルが入っていなくても、と思った。その時の評価は「可もなく不可もなし」だった。

そのまま評価が変わらずにいる時、フォカッチャランチに招待していただいた。フィレンツェ中心街に住むジョルジョ&マルチェラのご夫妻が、週末、郊外の別荘でフォカッチャを作るのだという。料理が大好きなジョルジョ氏は週末クッキングが趣味、彼の手打ちフォカッチャだというので、興味しんしんで出かけた。

別荘に到着すると、ジョルジョはすでに準備万端。材料を用意して待ってくれていた。一キロの小麦粉を大きなボウルに入れ、水、オイル、とさっさと計る。一キロの粉に対して四四〇ccの水、オイルは大さじ四だという。生地にオイルを入れるのがフォカッチャの特徴と知ってはいたが、こんなに多かったのか、とまず驚く。

そして水の量にも驚いた。かなり多い。私だったら生地をまとめる自信がないなあ、と思いながら見ていると、大きな手は力強く動き、体重をかけてのしては畳み、のしては畳み、あっけないくらいに早く、数分で生地は丸くまとまった。

「生地がまとまりはじめる前のべとべとの時に、みんなひるんでしまうんだよ。これはだめかもと思って勢いがなくなる。よけいにまとまるのが遅くなってよけいにいやになる。そうなると悪循環」というのがジョルジョの解説だ。弱気にならず勇猛果敢に突き進めば道は開けるということらしい。今日は息子たちも来るし、食べる人が多いから、ともう一度一キロの粉で生地を作る。丸くまとまった生地は、暖炉のそばに並べて置かれ、ふきんをかけられた。暖炉の熱気が遠すぎず、近すぎず届く。発酵待ちの時間だ。

その間に窯の準備。庭には、三〇年近く前、幼かった息子さんたちと一緒にれんがを積み上げて作ったという自家製窯があった。窯に薪をくべ、薪の燃えかたや位置を細かく調整するジョルジョ。これが「温度設定」なのだから真剣だ。

「これ大事だからね。薪は気まぐれだから、ちゃんと見ないと」

窯と生地を行ったり来たりしているうちに、生地の発酵は完成。次はのばし。ジョルジョは一キロの生地を四つに分けてそのひとつを大きな四角い板状にのばした。これをいくつも作るんだな、と想像していたら、小さなガラスのコップを手に取った。次の生地は、ぽこぽこぽこと、どんどんコップで型抜きをしていく。見かけるフォカッチャは四角いカットが多く、丸型のは、直径一〇センチ以上のものしか見たことがなかった。コップは直径五センチ弱。ちょうどイギリスやアイルランドのスコーンのサイズだ。珍しいなと聞いてみると、子どもが小さい頃、切らずにひとり一個ずつ持って食べられるのもいいねと夫婦で話して、はじめたのだそうだ。この小丸フォカッチャには、真ん中に庭から取ってきたローズマリーを挿した。

もう一度暖炉の前で発酵時間を過ごしてから、生地は庭の窯の前に運ばれた。庭のテーブルに、マルチェラさんが大きなトレイを運んできた。色とりどりの小鉢がのっている。フォカッチャにのせたり、はさんだりして食べるためのトッピングだという。

黒いのはブラックオリーブのペースト。オリーブオイルでニンニクを炒め、ブラックオリーブと塩と一緒にフードプロセッサーに軽くかけたもの。白いのはモッツァレラチーズ。のせやすいように手で裂いてから包丁で刻み、塩とオリーブオイルで軽く和えてある。ツナペーストは缶詰のツナにマヨネーズと黒胡椒。マヨネーズはオリーブオイルとレモンで作りました、とラベルに書かれたイタリア製だが、これにさらにレモン汁を足すのが秘訣だという。サーディンのペーストは、オイルサーディンに多めのワインヴィネガーとパセリを加えて、これもフードプロセッサーにかけたもの。赤い小鉢は細かく刻んだトマト。塩をふってオリーブオイルをかけたのかとたずねたら、塩だけなのだという。あっさりオイルなしのものも中にあるとバランスが取れそう。日本で言う「箸休め」である。

「トッピングをたくさん用意して、一緒に食べる。これが楽しいのよ。だからウチのフォカッチャは生地には何ものせないで焼くの」とマルチェラさん。

オリーブオイルを生地の上にすっすっとスピーディーにたらし、急いで窯へ。みるみるうちに焼き色がついていき、こんがりきつね色、というところでさっと出す。三分くらいだろうか。四角いほうはすかさず息子たちがカット。丸いのも四角いのもたくさんできた。

焼けたフォカッチャは、ジェノヴァのフォカッチャの半分くらいの厚み。ふかふかではなくサクリ。オリーブオイルの香りはほんのりで、強すぎず、柔らかすぎず、食べやすい。たくさん食べられてしまう。総勢六人のフォカッチャランチのこの日から私はフォカッチャが大好きになった。

ii

硬いパンの転生

イタリア人は毎食パスタ、と思ってしまうのは、日本人が毎日寿司を食べていると思われるようなもの。どちらも「そんなことはない」。しかし、イタリアでパスタを食べる時も、リゾットなどお米を食べる時も、サラダと軽い肉料理だけの時も、えんえん続くフルコースの時も……どんな時も食卓に登場するものがある。パンだ。

朝だけは甘いパンだが、食事どきは塩味パン。バゲットのように油分が少ない、あっさり、飽きがこないパンで、形は地方によってさまざまだ。昼も夜も登場し、時にはたくさん、時にはひと切れ、食べられる。レストランでも注文後すぐに小さなパン皿やパン籠が運ばれる。家でもまずはパンを切る。そして、どうしても余る。

余ったらどうする？

「そこに入れておくのよ」

ローマの友人の家でお母さんが指さした方向にあるのは引き出しだった。あけてびっくり、ラップも袋もなしでパンが裸で入っている。

「硬くなっちゃいませんか」

「うん、なるね。それがいいんだからいいのよ」

イタリアでは硬くなったパンは引き出しの中にあることが多い。そのあとは、全国共通の転生の道＝パン粉となるが、フィレンツェが州都であるトスカーナ州では、立派な料理への転生の道も開けている。寒い時期と暑い時期とで二通りの転生があるのだが、他の地方のイタリア人に聞いてみるとどちらも「どんな料理なのか全然知らない、聞いたことない」か「パンで作るヤツだよね。でも食べたことない」かだった。

ふたつともおいしいが、私が特に好きなのは、「トマトのパッパ」という寒い時期の料理だ。パッパはもともと、日本語の「まんま」と同じ、ご飯の幼児語。でもトスカーナのこの料理は子どもから大人まで食べる一品で、パンのトマト煮のことだ。トスカーナ州の西、ルッカで友人のお母さんが実践してくれた。

まずは、くず野菜でスープを作る。鍋に水と、セロリや玉ネギの切れ端、パセリなどハーブの茎を入れて弱火で煮るのだ。その間に、硬くなったパンを三、四センチ角くらいに切り分ける。

「パンは細かく切りすぎない。まずニンニクを炒めて、トマトの水煮を入れて、ひとまず煮るの。あとはハーブね。バジリコがまだあったかな」

夏の間生い茂っていたバジリコの大きな鉢が外にあるのだが、バジリコは秋風とともに元気をなくし、新しい葉は生えなくなり弱っていく。この時は一〇月のはじめ。残っていた数枚を取ってきて、トマトに投入。ぐつぐつと煮えてきたら、スープを入れ塩味をつけ、そしてパンを入れる。パンはトマトスープを吸って、みるみる膨らみ柔らかくなり、正体をなくしてゆく。正体をなくしてゆくのだが、「スープと一体になって、でも食べるとわかるくらい。完全に溶けちゃう一歩手前」が食べ時だという。しっかり味がしみ柔らかくなった溶ける一歩手前の食感は何かに似ている気がする。思い出せずに時は過ぎたがパッパを一〇回くらい食べた頃に答えが降りてきた。麩《ふ》だ。

新しい柔らかいパンだと、すぐにトロトロになってしまい、パンが入っていることが全くわからなくなる……ということを私は日本で試して実感した。ここが、「硬くなったパン」で作る理由なのだった。

フィレンツェの中央市場のある広場に面した地元料理のトラットリア（カジュアルレストラン）ZàZà《ザザ》でも、この料理を食べたことがある。硬いパンで作れるから貧者の料理でもあったのだと、店の人が説明してくれた。熱いパッパにオリーブオイルを多めにたらして食べる。硬くなったパンならではの一品、私にとっては寒い時の名品である。

そして暑い季節にはパンツァネッラというパン入りのサラダだ。

と書くと、カフェで出てくるような、パリッとトーストしたり、オリーブオイルやバターで炒めたパンと、野菜やら何やらのサラダを想像する人も多いはず。確かに、野菜と一緒にドレッシングで和えるところは同じだが、硬いパンは「パリッとトースト」は難しい。中も硬いので、食べられない。

ではどうするかというと、水に浸して搾る。この水がポイントだ。ピサの田舎で作ってくれた時は、これがキモなのよ、と赤ワインヴィネガーを持ってきた。といっても入れるのは、水を入れた大きなボウルに小さじ一杯にもならない数滴だけ。でもこれがほのかな下味になるのだという。ここに五センチ角くらいに切ったパンを入れてすぐ出す。

さっと入れて水をくぐらせる程度ですぐに上げて、さっと搾って水を切る。水の中に置きすぎると硬くなっていても水を吸ってしまい、それをしっかり搾ろうとすると、パンは小さくなって戻らなくなってしまう。手早い作業が必要なのだ。

あとは普通のサラダと一緒。生トマト、玉ネギ、きゅうり、レタスなどと一緒に、オリーブオイルとワインヴィネガーと塩で和える。暑い時には酸味さわやかで食べやすい一品だ。

硬くなったパンは暑い時も寒い時も、やさしいごちそうに転生するのである。

いつまで焼くのフリッタータ

「忘れてるんじゃないかな。言ったほうがいいかなあ。サンドイッチの準備をしていて気がついていないのかも。でも火にかけてるのはひとつだけだから忘れないはず。でも焼きすぎ……」

やきもきしていたのは私だ。友人クリスティーナが、野菜たっぷりの「フリッタータ」(イタリア風オムレツ)を作ってくれているのだが、いくらなんでも炒め過ぎじゃないだろうか。炒めているのは、ズッキーニにナス、玉ネギ、パプリカ、ニンニク。

フリッタータは季節の野菜をたっぷりのオリーブオイルでよく炒めてから、溶き卵を入れて焼く、イタリアの卵料理の代表選手で、一年中作る料理だ。このときは初夏。問題なのは、フタをして蒸し焼き（蒸し炒め）にしていること。勝手にフタをあけるのは厚かまし過ぎるが、弱火とはいえ、さっき彼女がフタをあけてささっと野菜をまぜてからずいぶん経っている。

とうとう言ってみた。

「クリスティーナ、この野菜、まだ炒めるの？」

「うん。よく炒めないとね、おいしくならないのよ。あと少しかな」

クリスティーナはフタを取ってちょいちょいと木べらでまぜ、またフタをした。けっこういい焼き目がついている。でも、確かにまだ「焦げ目」にはなっていなかった。良かった良かった。

そのあと三分くらいさらに炒め、やっと卵の出番になった。卵は五個、炒めてカサが減ったとはいえたっぷりの野菜入りなので、焼き上がりまでもまた、かなり時間がかかった。でも今度は、忘れているのでは、という心配はせずに、ゆったり待った。炒め倒した効果か（そうだよ、しっかり炒めたから、とクリスティーナは言っていた）おいしい。味付けは塩だけなのに、一口食べるとうまみが広がる感じ。ちょうど玉ネギやセロリの切れ端やパセリやハーブの茎でとったスープのように、あっさりしているけど味がある。野菜が香ばしい。なるほど、あの、私の「心配症の時間」が、このおいしさを産むんだな。

感心しながら食べていて、同じような思いをしたことを思い出した。

その時からさらにさかのぼること一〇年前、料理はナスのマリネだった。

レストランで取材させてもらっていた時だ。夜だけの営業なので、午前中は仕込みの時間だった。パスタのソースやマリネ類、パン類の生地作り等々、黙々と行われるていねいな仕込み作業を、飽きずに眺めていた。

仕込みをしながらシェフが特に人気と教えてくれたのがナスのマリネだ。

「ウチは揚げマリネなんだよ。ナスは油によく合うでしょ？　素朴だけどおいしいよ。あとで食べてみてください」

ナスは厚い斜め輪切りにされて、大きな深鍋にたっぷりの油で、揚げられている。やっぱり揚げ物はたっぷりの油で揚げないとね。イタリアンでも和風でも、ナスの油炒めはカロリーを考えて油をケチり、ケチったゆえにいい感じに仕上がらず、結局油を足す……とジタバタしてしまうことが多かった私は、そんなことを思いながら、厨房の入口の脇に立っていた。シェフが肉の仕込みの手を止めて来て手早くナスをひっくり返し、またもどっていく。ナスは揚がっていく。いい感じだな。しかし誰も来ない。別の作業をしている助手さんが、大きなバットを持って、別室の冷蔵庫に向かい、もどってくる。ナスを横目でちら見し、そのまま通り過ぎる。

さっき裏返されたナスは、しっかり茶色の揚げ色がついているし、裏側ももう、かなりの時間そのままだ。同じくらいの色にはなっているはず。どうしよう。

そわそわしはじめてから二分ほどで、シェフは来た。また手早く鍋から取ってザルに並べている。ちょっと揚げ過ぎ？　と思える茶色かげんだ。焦げ茶色かげんとでもいうべきか。

「すごく揚げるんですねー」と私が声をかけると、シェフはこともなげに「これがおいしいんだよ」と言った。油を切ったナスはまだ温かいうちに、オリーブオイル、ワインヴィネガー、塩、刻んだたっぷりのパセリ、超薄切りのニンニクをかけられ、汁ごと大きなバットへ。これでこのままマリネされ、夜の出番を待つのだ。この時のナスは、出番前にこっそり一個いただいたのだが、柔らかいナスの果肉に味がしみ、格別のおいしさだった。

その後、私はこの時の刷り込みどおりに、ナスはしっかり揚げることにした。気が弱いので少し薄茶色で止めるが、それ以来ずっと、この作り方をお手本にし、ナスマリと愛称で呼ぶようになって久しい。フリッタータも「炒め過ぎ」にしている。レシピに「炒め過ぎなくらいに」と書いていても、料理レッスンで「まだ炒めるんですか」と聞かれることもある。そのたびに、心配しながら見ていた時の自分を思い出す。イタリア料理は、日本人の感覚からは炒め過ぎ、揚げ過ぎが「普通」で、実はそこに秘密があるのかもしれない。

きのこのフルコース

きのこ料理と聞くと、きのこづくしの夜を思い出す。きのこ狩りが趣味のジュリオと、料理上手のマヌエラさん夫婦が、きのこ料理をごちそうしようと招いてくれたのだ。玄関が開くと、オリーブオイルと、トマトと、きのこが渾然一体となったおいしい空気がふわっと鼻に届いた。迎えてくれたジュリオは、キッチンより先に私をベランダに案内。日本で買う干しポルチーニの小袋を見慣れている目には巨大と言いたくなるような大きくてぶ厚いスライスがザルに入れられて並んでいる。採ってくると半分は生のまま冷蔵庫に、半分はよく干して瓶に入れて保存するのだという。いいポルチーニが採れたのだそうだ。

キッチンに到着。コンロはすでにふたつ稼働中、テーブルには大小のボウルが並び、きのこや野菜、ハーブが入っている。マヌエラさんは忙しそう。私の目は、端にある小さなボウルに入っているきのこに釘付けになった。思わず「しめじ?」ときのこに向かって言ってしまう。

何か言った? と振り返ったマヌエラさんに、このきのこが日本でもよく食べるしめじというきのこにそっくりなのだと話す。大きさも房の具合も似ている。これはピオッピーニよ、と彼女。ピオッピーニはこれだったのか。数ヶ月前、本業は菓子屋さんであるジュリオの工房を早朝に訪ね、仕込みを見学した後、車で送ってもらう途中に聞いたきのこの名前だ。フロントガラスの向こうの大きな木を指さし、あの木の根元にはおいしいきのこが生えるのだと話してくれたのである。そのひとことでジュリオのきのこ好きを知り、ポルチーニの季節を待って今日の食事になった。ピオッピーニのおかげである。

マヌエラさんは、ニンニクの薄切りとオリーブオイルを小さなフライパンに入れて火にかけ、すぐにネピテッラというハーブをちぎって加える。ネピテッラはミントを渋くしたような香りできのこのハーブと言われるくらい相性がいいという。さっと炒めたらすぐにピオッピーニを入れて、フタをした。フタしめ時間は一分足らず。フタをあけたら塩と白胡椒をふって、食卓に出す器に入れたので、すかさず、できあがりですねと声をかけた。いや、もうひとつ、大事なプロセスがあるというマヌエラさん。オリーブオイルをたらたらたらたら、たっぷり注いだ。炒め物ではなく、マリネだったのだ。

次にマッシュルームだ。ミニ包丁で薄切りにし、同じ包丁でイタリアンパセリを刻む。そのまま小鉢に入れ、レモンを切って四分の一を鉢の上で搾り、オリーブオイルをかける。パルミジャーノチーズの塊をピーラーで削って、上から散らす。器に入れて置いておくことでオイルやレモン汁がチーズにも少しだけしみるのだが、そのくらいが、食べる時にちょうどいいらしい。

この二品が前菜。私が着いた時からコンロにかかっているのは、干したポルチーニのトマト煮込みだった。生のポルチーニより香りが強くなるので、長く煮込むものや強い香りがほしい時は干したもののほうがいいのだと話してくれた。椎茸と同じように戻し汁も加えて煮る。味見させてもらった。ポルチーニ濃度が濃く、煮込んだトマトの弱い酸味を従えている。文句なくきのこが主役だ。ポレンタという、とうもろこし粉を練って作る固いピューレとともにいただく。

生のポルチーニとマッシュルームを刻んで生トマトと一緒に炒め煮にしたトマトソースは、手打ちのタリアテッレに合わせるべく、フライパンに入っている。これもすでにコンロの上だった。加熱向きの味が濃いトマトだが、水煮に比べるとあっさり、やさしく仕上がるので、生ポルチーニの風味が生きる。トマト味が二種類だが全く違った味わいなのだ。

マヌエラさんのきのこ料理はまだ続く。次はリゾットだ。リゾットはバターとオリーブオイルの両方使いで具や米を炒めることが多いが、このリゾットはバターだけ。もどした干しポルチーニと玉ネギを炒め、お米を炒めてスープで炊いていく。

メインディッシュは生のポルチーニで二品だ。まず牛肉のポルチーニソテー。牛肉の厚切りをフライパンに並べ、上にポルチーニの大きなものを選んでのせ、そのままオリーブオイルとニンニクと一緒にじわじわ焼いたダイナミックな一品だ。そして最後の一品はフリット（フライ）。生のポルチーニきのこのフリットは、小麦粉ではなく少し粗いとうもろこし粉を使い、油は他の揚げ物と違ってオリーブオイルだけ、というのが定番の料理法で、旬の特別料理として出すレストランも、普通の家庭も同じだという。軽く溶き卵につけてからとうもろこし粉をていねいにまぶしつけ、熱々の時に塩をふる。サクサクして、ポルチーニの香りが溢れるフリットだった。トータル八品。イタリアのきのこ料理を学ぶ一日学校のような時間だった。

ミラノ風カツレツ今昔物語

ミラネーゼ（ミラノ風）と名前につく料理はいくつかあるが、有名なのはリゾットとコトレッタだろうか。コトレッタはカツレツと訳されている料理だ。ミラノ「出身」ではあるけれど、今やイタリアじゅうで食べられている国民的肉料理だ。

そのコトレッタを家で作ってくれるという人がいて、知り合いと一緒に訪ねた。ミラノの郊外に住む料理好きのマーラさんが、娘夫婦との食事に私も招いてくれたのだ。まだイタリア通いの初期、家庭のキッチン拝見も三度目だったので興味しんしんでキッチンにお邪魔すると、エプロンをつけたマーラさんはまな板、包丁、ボウル、と準備万端で迎えてくれた。

イタリア料理の事典によるとミラノ風カツレツの材料は仔牛肉だ。しかしマーラさんが冷蔵庫から取りだしたのは、どうやら仔牛ではない。これはかなり見慣れた感じ。

「牛肉じゃないんですよ。鶏の胸肉。夫が気をつけなくちゃいけない数値がいろいろあって。ほら、コレステロールとか」

ぶ厚い鶏の胸肉を、きれいに半分の厚みに切り分け、それから肉たたきでたたく。牛でも鶏でも正統派ミラノ風で作りますよ、と言うマーラさん。卵とパン粉をつけ、揚げるのではなく多めのバター等で炒める、というのがミラノ風なのだ。

パン粉は、硬いパンをおろして作る。チーズおろし金の、目が細かい面でシャリシャリとおろすと、かなり細かいパン粉ができあがる。イタリアのパン粉の基本は、手作りならこの、おろし金パン粉で、市販のものも同じくらい細かい。日本はトンカツもエビフライも大きめのパン粉がきれいについて衣だけでサクサクになるのが理想形だが、そんな大きなパン粉はイタリアでは変わり者。「グラタン用大パン粉」などの名前で特別パン粉として売られている。細かいパン粉は吸油量も少ないのであっさりめに仕上がるし、コレステロール対策にも良いはず。

鶏肉に小麦粉をまぶし、溶き卵をくぐらせ、パン粉をつけるのは普通のフライと同じ。大きなフライパンを出してきたマーラさんは、バターの大きなかたまりを入れて火をつけ、オリーブオイルを入れた。

「伝統レシピではバターだけで炒めるんですよ。それも澄ましバターを作ってね。でも全部バターだとやっぱり、コレステロールが気になって。だからオリーブオイルもまぜるようにしたの。でも、三割だけ。味はおいしいのよ」

バターだけで作っていたのを、小さじ一杯だけオリーブオイルを入れるようにし、少しずつ増やしたのだという。こうしてマーラさんのお宅の「ミラノ風コトレッタ」は肉の種類と、油の種類で健康に気遣うコトレッタになったわけだ。いい色にできあがり、熱々の時に塩をふる。そして、忘れてはいけないのがレモンを添えること。

軽くさくっとした衣はバターのいい香りがする。鶏胸肉はジューシーであっさり。レモンのさわやかな酸味が後味をよくしてくれる。

レストランではミラノ風と言えば仔牛肉だ。でも今や「ミラノ風コトレッタ。牛じゃない場合は鶏がいいか豚がいいか?」が真剣に議論されたりし、鶏胸肉で作るのもじゅうぶんありという時代になった。ミラノ以外の家で鶏胸肉のコトレッタをごちそうになったこともある。「伝統的なのは牛だが」と但し書きがつくけれど、普通に料理し食べる人は、ずっと自由なのだ。

サルシッチャ・マジック

旅先のスーパーマーケットは楽しい。イタリア行き四回目の時、冷蔵コーナーをじっくり見ることにした。牛乳やヨーグルト、チーズを眺め、隣のハム売り場に移る。いろいろな種類のハム、生ハムのパックもある。ベーコンやパンチェッタ（燻製していないベーコン）も。ウインナーソーセージの大小細い太いが、würstel《ヴルステル》とドイツ語のまま書かれて並んでいる。「外来語」のままの食べ物単語もあることを思い出す。ケチャップなんかもそうだ。もともとイタリアにないものだから。

え？　ソーセージはイタリアにないんだっけ？　確かソーセージのイタリア語も

あったはず、と食べ物の単語メモ帳をリュックから出して見る。ソーセージはサルシッチャと書いてある。ヴルステルとは違う？　ちょうど品出しに来た店員さんに聞いた。

「あの、サルシッチャって置いてないんですか？」

店員さんは私を見て、サルシッチャは肉のコーナーですよ、ここにはないよと言い、奥のほうにひらひら手を振った。言われるままに肉コーナーに行くと、あったあった。サルシッチャと書かれて、フランクフルトくらいの太いソーセージが並んでいる。中が赤い。これは生肉だ。サルシッチャは加熱しないと食べられない生のソーセージなのだと知った瞬間だった。肉のコーナーに並ぶはずである。そしてヴルステルは加熱済みの普通のウインナーソーセージのことなのだ。

その後に、サルシッチャ作りを見るチャンスがあった。場所は肉屋さんの裏の作業場。豚の挽肉が主材料で、加えるのは豚の脂肪にスパイスや調味料。肉屋ごとに少しずつ配合が違い、味も変わる。私が見たルッカの肉屋さんはニンニクをすりおろすのが最初のプロセスだった。黒胡椒やクローブは乳鉢ですりつぶす。ナツメグ、塩はそのまま、タイムやローズマリーは丹念に包丁で刻む。すべてを挽肉に加え、白ワインを注ぎ入れて手袋をした手で力強く繰り返し練った。この練りで味がこなれ、なじんでいくのだという。ここまではすべて手作業。羊腸に詰める作業だけが機械だった。いろいろ入っておいしそうだなあ、このまま焼いてくれたらな、という私の内心が読めたかのように、肉屋さんはキッパリと言った。

「残念ながら、これ、このまま焼いて食べてもおいしくないんだよ」

一日は寝かせないとダメなのだという。いま作ったサルシッチャが店のケースに並ぶのは明日の今頃からあと。厳格に丸一日は置くという。なるほど、一日寝かせることで味がしみこみ、溶け合い、うまみが出る。熟成させるのだ。それを買って、家で、店で使う。

サルシッチャの正体を知ったあとで、ローマでサルシッチャのパスタをごちそうになった。訪ねた時、友人のお母さんが作っているところだというのでキッチンにお邪魔すると、フライパンの中にはニンニクと、オリーブオイルと、バラされている途中のサルシッチャ。ニンニクのいい匂いがしている。お母さんは片手に木べら、片手に調理フォークを持って、引っ張ったりつぶしたり裂いたりしている。白ワインを手早く入れ、さっとまぜてトマト缶を投入。そのあともまだ、くずし足りないところをつついた。あとはほんの少しの塩を入れただけ。何も要らないという。

「くずしたサルシッチャからいい味が出るから、手っ取り早くおいしいソースになるんだよ」

トマト缶を入れてから、ソースのできあがりまで、一五分もかからなかった。なのに、食べてみると長く煮込んだような風味、入れたのは塩だけなのにスパイスやハーブの複雑な風味。なるほどこれがいいところなのだ。サルシッチャ・マジックである。

サルシッチャ・マジックを知ってから、羊腸を買って詰めなくても、挽肉にいろいろ入れて練ればいいのだと考え、中身だけのサルシッチャもどきを作ることにした。材料も少なめにして、ニンニク、ローズマリー、黒胡椒、白胡椒、塩、ワイン。冷蔵庫で一日おく。ピッツァや、パスタのソースに使う。本物にはとうてい届かないが、サルシッチャの赤ちゃんくらいにはなっている気がする。

カニカマよ、こんなところに

シチリアを車で移動中、バールに立ち寄った。軽いランチの予定だった。

バールは、イタリア中どんなところでも街角には必ずあり、朝から晩までオープンしている。コーヒーなど飲み物類、パンやサンドイッチの軽食類、菓子や甘いもの類、カクテルやお酒類の四種類がメイン。ちょっと立ち寄ってコーヒーブレーク、さっと急いで食べる、夜ならレストランに行く前に寄って一杯軽く飲む、そんな使い方が多い。中には、前菜に近いちょっとした料理を置いているバールもある。この時のバールはそうだった。生ハムとチーズだけのシンプルなサンドイッチとカプチーノを注文して席で待っていると、運んできた店主らしい人に「日本人かい？」

と聞かれた。そうです。

じゃあちょっと見せたいものがあるからこっちに来て。言われるままにカウンターの横に行くと、彼は冷蔵庫から大きなボウルを取りだして持ってきた。エビやイカ、ムール貝、ブラックオリーブ、ごろごろとにぎやかだ。シーフードマリネらしい。なぜ私にと思いながら、おいしそうですね、と言うと、店主は違う違うと手をふった。

「よく見て、ここにも日本が来てるよ」

ん？

「ほら、ここに、ここに」

彼が指さした先にあったものは、「カニカマ？」と私は思わず日本語で叫んでしまった。

やっとわかったか、という顔で店主は笑い、「そうだよ、他のシーフードはみな、イタリアでとれたものだけど、これだけ日本から来てるんだよ」。

シチリアは地中海に浮かぶ大きな島であり、海の恵み豊かなところ。タコ、イカ、エビ、貝類、魚ももちろん豊富にとれる。魚介料理を得意とする名物レストランも数多い。そんなシチリアで、カニカマ?

カニカマよ、こんなところにいたのか。

店主は今度は、裏口に回って、と言い、バックヤードの冷凍庫のところにつれていってくれた。そこに入っていたのは箱入りの冷凍カニカマ。確かに日本製だった。このシチリアでの出会いから一〇年も経った頃、カニカマがスリミという名でフランスやイタリアに輸入され、重宝されているという記事をみかけたが、この時、全然知らなかった私はかなり驚き、せっかく見せてもらったからにはと、このマリネを食べていくことにした。

「海の幸のサラダ」とか、もっと短く「海のサラダ」などと呼ばれるこの料理は、貝類以外のシーフードはボイル、貝類はオリーブオイルとニンニクを熱したフライパンでフタをして蒸し焼きにする。すべてさめたら味付けはオリーブオイルと塩。セロリなど野菜を入れる店、入れない店と違いはあっても、イタリアンパセリとレモンは共通。この時は特にレモンの味がしっかり強い気がした。レモンをはじめ、オレンジ、みかんなど柑橘の産地シチリアだからかもしれない。

「レモンはもちろん、ここのだから。それをいえば、こいつ以外はみな、ここシチリアでとれたものばかりだな。オリーブオイルも。塩は西部のトラパニ海岸のだし、シーフードは皆そうだし」

カニカマ以外はオールシチリア。肩身が狭くないかな、大丈夫かな。そんなことを思った。

レストランでは使われていなくても、カジュアルな店から家庭でも意外に広く使われているカニカマ。イタリアの素材の中でけなげにがんばっていた姿を思い出し、私も日本で海の幸のサラダを作る時、ときどきカニカマを招き入れている。

披露宴の翌日は

「明日は水だけ」

イタリアでときどき耳にする言葉だ。長く続く食事を楽しく食べながらのことが多い。

まだ食事は続く、食べるよ、明らかに食べ過ぎだけどね。「明日は水だけにするから」「今日は特別」「食べよう!」というわけだ。

その、「今日は特別」の最たるものが結婚披露宴かもしれない。たいてい品数が多く、ごちそうが続き、時間も長い。最後には、ウエディングケーキも待っている。

親しくしている家族の娘さんアナローザの結婚披露宴も、そうだった。花婿の地元の大きなレストランを借り切っての宴だった。イタリアには結婚式場はなく、それぞれが、レストランや、庭園付きの建物などを借りて披露宴を催すのだ。

最初は前菜から。四種類のカナッペ、サラミや生ハムの盛り合わせ。カナッペはひとり一種一個ずつ、サラミや生ハム類も一切れずつとって食べただけで、すでにふだんのランチくらいのボリュームはある。まだ序の口である。

次は、パスタやリゾットなど、炭水化物の「第一の皿」。第一の皿は、少なめの量とはいえ、三種類だった。きのこソースのタリアテッレは、二、三種のきのことハーブ、玉ネギをオリーブオイルでじっくり炒めた、あっさりタイプのソース。卵少なめらしい白っぽい手打ちのタリアテッレとよく合っていた。続いて詰め物パスタの一種ラヴィオリ。ラヴィオリの中身はチーズとほうれんそう、ソースはバターセージソースで、ラヴィオリと言えばまずはこれといわれるシンプルできらいな人がいない組み合わせだ。

そして第一の皿の三品目は鳩のリゾット。鳩は、牛や豚、鶏などと一緒に煮込まれたミートソースで食べたことはあるが、単独ははじめてだった。ネギやセロリやにんじんなどの香味野菜、何種類ものハーブ、ワインとともに炒め、煮込まれた鳩肉が、とろりリゾットになっている。見た目は大人しいが、ひとくち食べると滋味が広がる。

それからやっと「第二の皿」メインディッシュに進む。豚肉のロースト、ラムとホロホロチョウのグリル盛り合わせには、ポテトと、野菜のスフォルマート添え。スフォルマートとはふわふわした塩味プディングのことで、野菜類と小麦粉、卵、チーズなどをまぜ、型に入れてオーブンで焼いたものだ。大きなオーブン容器で焼いてカットしたものが多いが、この時はひとり分ずつカップで登場。かわいらしく、スタイリッシュだった。入っていた野菜はアーティチョーク、ズッキーニ。食べ終えたところにミニシャーベットが登場した。

「明日は水だけ」は、このシャーベットを食べながらメニューを見た同じテーブルの女性の言葉だった。メニューによると次はハーブソースの牛肉のタリアータ（カットステーキ）だ。「明日は水、と自分の胃に言い聞かせてるの」と彼女は笑った。タリアータは、ローズマリー、タイム、マジョラムが細かく刻まれて、たっぷりのオリーブオイルと一体になっていて、さわやかで、私も一緒に胃にいい聞かせたからか、ぺろりと食べられた。

最後のウエディングケーキは、とても大きな長方形のチョコレートとベリーのケーキだった。ケーキカットもしやすいし、そのあとの切り分けもきれいにできて、みなに行き渡り、おいしく食べられる。味重視で、長方形っていいなあ、とその時思った。最近はフォトジェニックな凝ったタワー型にする披露宴も増えてきていると聞いた。見る分にはそれも楽しそうだけどと、あの時の長方形のケーキを思い出している。

サラダは刺身か白ごはんか

ソレント。ナポリからヴェスヴィオ周遊鉄道という、各駅停車だけの小さな電車に乗って一時間で着く、海辺の街だ。ナポリの街や駅で喧噪の中にいる時の緊張が、一時間の電車の中で、少しずつ緩んで溶けていき、到着するとのんびりしたリゾートの空気が漂う。みかんやオレンジ、レモンの木もよく見かける。ソレントの友人、ビアンキ家では、各週の日曜日、親戚や、独立して近くに住む子どもたちも一緒に食事をするのがならわしだった。私のイタリア行きがまだ三、四回目のころ、この食事に招いていただいた。総勢八人だった。

賑やかなこの日の食事で一番印象に残っているのが、にんじん入りのグリーンサラダである。にんじんをピーラーで薄く、そして細幅で削ってレタスに散らしたサラダだ。レタスのグリーンににんじんのオレンジ色がアクセントになって彩りがよい。かなり大きな鉢でトングと一緒に登場した。めいめいに小ぶりのサラダボウルが配られている。

早速自分の皿に取りわけた友人のお父さんが「お酢取って」と言った。「お酢」とかんたんにいう時はイタリアではワインヴィネガーを指す。ヴィネガーを増量するのかなと思っていたら、お父さんはトングで自分の皿に取りわけたサラダに、オリーブオイルをたらしてからそのお酢をかけた。塩をふって、自分のフォークとナイフで軽くまぜている。つい凝視していた私に気づいたお父さんは、「今日はお酢が多めなんだよ」と説明してくれた。いや、私が凝視していたのは、お酢の量のせいではなく、自分で調味料をかけて、味を作っているからだったのだけど。

食卓には、オリーブオイル、赤ワインヴィネガー、塩、胡椒の瓶があった。そして、レモンの櫛形切りを四切れのせたお皿も。他の人たちを眺めてみると、オイルと塩、胡椒をしっかりかけてヴィネガーなしの人、レモンを搾っている人、オイル少なめの人、みな少しずつ違う。それぞれが自分で味を作っているのだ。私は前夜の食べ過ぎを思い出し、オイルをごく少なく、レモンと塩で味付けをした。

「こうやって自分の好みで味つけするの、いいでしょ」と友人が言った。ドレッシング、キッチンで作っちゃうのかと思った、と答えると、彼女は首をかしげ少し考えて、

「お刺身みたいなものじゃない？」

と言ったのだった。彼女は日本料理が好きで、よく知っている。

お刺身は味をつけず皿に盛りつけられて食卓に登場する。醤油とわさびが食卓に置かれて、それぞれ自分の好みで小皿に醤油を取り、わさびを溶いたり、つけたりする。自分の好きな具合にして、食べるでしょと言うのだ。確かに、一切料理をしない人でも、刺身のわさび醬油は自分で作っている……。グリーンサラダはお刺身か。この時が、食べる人が味を作るグリーンサラダの初体験だった。

この食べ方が家庭だけのことではないと知ったのは、その翌年のこと。食べてみたい魚料理があってちょっと高級なレストランを訪れた時、つけあわせにグリーン

サラダを注文した。すると、サラダボウルと、ミル挽き塩、ミル挽き胡椒、二本のボトルが登場。これはもしかして、とビアンキ家のサラダを思い出した。

「これは当店があるここ○○エリアの＊＊農園の新オイルでございます。こちらのヴィネガーは……」。ウエイターさんはボトルのオイルとヴィネガーが上質のおいしいものだと説明。しめくくりは、「お好みでどうぞお使いください」だった。

セレクトした上質のサラダ菜と、上質のオイルとヴィネガー、塩胡椒を提供します。あとは好きなようにどうぞ、ということだ。友人宅と同じ。

このＤＩＹスタイルが気に入った私は日本でこの話をするのだけれど、意外に評判が良くない。間違いない味を作ってくれるほうがいい、というのだ。もちろん、できるだろうけど、自分でその時の気分で作るほうがいいのでは、と言っても、うなずいてくれる人が少ない。刺身と同じというたとえ話も、醤油とわさびは単純、かんたんだからドレッシングとは違うと今イチの反応である。そんな時にもうひとつのたとえを思いついた。白ごはんである。

日本の旅館の朝ごはんで、地元のお米を炊いた白ごはんが出て、ご一緒にどうぞ、と海苔や梅干しや昆布の佃煮や自家製漬け物が添えられていたら。日本人や和食を食べ慣れた人なら「どうすればいいですか。選んでもらえませんか」とは言わず、その時の気分で選んでかけたりのせたりするだろう。まさに「お好みでどうぞ」であり、イタリアのグリーンサラダはそういうポジションなのだ。

オリーブころころ

木から摘み取られ運ばれてきたオリーブは、葉っぱや小枝を取り除かれ、水洗機を通る。下り坂の台をコロコロと転がり、大きな深皿に落ちていく。水が流れる機械の坂を弾むように転がり下っていく様子は楽しそうに見えて、このあとの運命も知らずに、とかわいそうな気がしてくる。大きな深皿の中で、巨大な石の輪が待ち受けているからだ。石の輪は石臼。ぐるぐると自らも回りながら、深皿の中を速いスピードで回っている。地球が自転しながら公転しているようなもの。電動だがあくまで石、オリーブをまるごと、種も果肉も全てをつぶし、もれなく茶色く、ドロドロのペーストにしてしまう。正直この時点ではあまりおいしそうには見えない。

このドロドロは細かい目地の大きくて丸い網に塗りつけて重ねられる。圧をかけられて油を抽出するのだが、圧をかける前からたらたらと落ちてくるオイルは、驚くほど色鮮やかな明るいグリーン。きれいで見飽きない。たまったオイルはそのあとに遠心分離機で水分と分離し、しばらく置いて不純物を取り除いてから瓶詰めされる。聖書の時代から変わらない石臼での搾油、動力だけは電動というわけだ。

私がこの石臼搾油を見たのは二十数年前、ルッカ郊外の公営搾油所だ。日本の米どころに誰もが使える精米所があるように、「オリーブどころ」には、搾油所があると知った。他の作物をメインで作っているがオリーブもある農家、農家でもなんでもないが庭に何本かオリーブがある家。そんな人たちが自分ちのオリーブの実を米俵のような大袋に入れて運んでくる。係の人に預けて、搾ってもらうのだ。

「オリーブの木はうちには八本しかないよ。家族はいま、ぼくと両親と三人だけだから普通に使う分にはうちのオイルで足りるというか余るよ」と話してくれた大学生の家にお邪魔した。毎年、搾油所に持っていって搾ってもらい、一年間使うという。

広い庭にぽつんぽつんとオリーブの木。

「まずはうちの自慢の一品だ」という言葉とともにお父さんがテーブルに持ってきたのは、オリーブオイルの瓶と厚切りパンのトースト。オイルは搾油したての新オイルである。

「おいしいからたっぷりかけて」と言いながら、見本を見せてくれる。大瓶を大胆に傾けて端が焦げるくらいいい色にトーストしたパンにかける。オイルがパンの端から垂れ落ちたところで手渡してくれた。

「塩は軽く。新しいオイルはぴりっとするぞ」

熱いパンの上で、オイルの香りが強くたちのぼる。そのあとも、サラダに、ゆでた野菜に、グリルしたきのこに、瓶から景気よくオイルをかけてくれた。どれも、オイルの香りが生きる。削りたてのかつおぶしをかけるのに似ているかもしれない。

農家でもない家のオリーブオイルが、こんなふうにじゅうぶんおいしいのだ。オリーブ農園となると、農薬を避け、収穫の時期に目配りし、収穫から搾油まで時間をおかず最小限に、と手をかける。雨の量、気温、湿度、さまざまな要素でオリーブの実の成長は変わり、一本の木も陽当たり具合や方角で、未熟のグリーンの実と、少しだけ紫が入ってきた熟しかけの実、紫が多くなった実、と入りまじる。「このあたりの木は明日」などと収穫を決める時は真剣勝負だという。完全にグリーンの若い時に収穫する農園もあれば、少し色が変わりはじめたところを見計らって、という農園も。熟度でも風味が大きく変わる。収穫は秋口からしばらく続く。

ルッカ郊外の小高い丘の斜面に広いオリーブと葡萄の畑を持つ農園の主《あるじ》夫婦は、オリーブオイルとハーブで作るソースやマリネなど、旅行客に料理レッスンを開くほど料理上手なのだが、おいしいオイルは「まずはそのまま食べてほしい」という。オリーブオイルの味見にいいのは、パンと、意外にもじゃがいも。ゆでたじゃがいもに、塩ぱらぱら、オリーブオイルをかける。オイルの風味がよくわかるし、一品料理としてもじゅうぶんおいしい。

トスカーナで「フェットゥンタ」と呼ばれるオリーブオイルトーストは、普通、パンにニンニクをすりつけ、塩と黒胡椒をかける。ニンニクは断面をすっすっと一往復か、大きなパンなら二往復させるだけ。オリーブオイルをかけて、塩をパラパラ、黒胡椒をがりっがりっ。食べるとニンニクの香りがふわっと軽く立ち上がったかと思うと、オリーブオイルの香りが強く立つ。この作り方を私は続けていたのだが、農園の主のピエロにイエローカードを挙げられた。

「ニンニクと黒胡椒、もちろんおいしいよ。でも、オリーブオイルを買って開栓した時は、まずは塩とオリーブオイルだけでトーストを食べてほしい」と言うのだ。ニンニクと黒胡椒が、オリーブオイルの風味を味わう邪魔になる時もあると。パンが熱いうちにオイルをかけ、塩少々をかけるだけなら、オイルが持つ辛味、苦味、フレッシュ感、青草のような香り、かすかな甘味……オイルごとにさまざまな風味が感じられる。

今は、さまざまな農園のオイルが日本にも輸入されているし、秋の最初の収穫を急いで瓶詰めしたオイルも航空便で入ってくるようになった。搾油所の電動石臼は今はもうなく、農園でもできるだけ空気に触れずに搾油できるよう、昔ながらの搾油からステンレス製の精緻なシステムに切り換えたところも多い。おいしいオリーブオイルを味わえるチャンスが増えたけれど、開栓して最初に味わうときはそのたびに目をつむるようにしている。オリーブ畑や、石臼に挽かれる前のころころオリーブが脳裏に浮かぶから。

全国区のパルミジャーノチーズ

「地元の料理が一番。よその料理はあまり作らないね」という人が、三〇年前のイタリアでは主流だった。二〇年前でもまだかなり多かった。それからだんだん変わってきた。イタリアの中の「よそ」の料理だけでなく、外国の料理や飲み物も作り、食べ、飲むのを楽しむ人が増えている。ところがそんな移り変わりをよそに、ひとつのチーズだけは、イタリアの代表チーズとしてずっと、どこでも、料理に使われ愛されてきている。パルミジャーノチーズである。

パルミジャーノは「パルマの」とか「パルマのもの」という意味。イタリア北部、エミリア・ロマーニャ州の街パルマとその周辺のエリアが産地で、原料になる牛乳の質はもちろん、牛が食べる牧草や、チーズ自体の熟成など厳しいルールにのっとって作られている。ここからイタリア全土に、世界に出荷されているのだ。どこでも食べられているとはいえ、パルマ周辺はお膝元なので、買いやすく、他の地方より消費量も多いという。市場でも、食料品店でも、パルミジャーノチーズが目立つ。

街でレストランに入ると、メニューの前菜のページにはたいてい、「パルマ風前菜盛り合わせ」がある。登場するのは大皿で、パルマの生ハム、何種類かのサラミ、ソーセージ類がきれいに並べられ、赤っぽい色味のグラデーションでまとまっている中、その一角に異質な黄色っぽいものが鎮座している。パルミジャーノチーズである。スライスではない。もちろんすりおろしでもない。チーズナイフでラフに切り出した、ごろごろした小さな塊がいくつも並んでいる。そのままワインとともに、パンとともにかじり、食べる。料理に使うチーズというイメージが強いが、じゅうぶん、ひとり立ちしているのだ。料理に使おうと出してきても、ついつい端っこを切ってつまみ食いしてしまうほど好きな私には、うらやましいパルマならではの前菜だ。

パルミジャーノを使う料理を見せていただこうと訪ねた家で、一家でどのくらい消費するか聞いてみた。

「うちは私たち夫婦と両親、六歳の子どもで五人家族だけど、一家で、一ヶ月に二キロくらいかな」

答えてくれたエレナさんは、キッチンで、手回し式鉛筆削りを大きくしたようなパルミジャーノおろし器をスピーディーに回して大量のすりおろしを作っていた。二キロはすごいと驚いていると、エレナさんとお母さんは全然多くない、ここらでは普通、と手を振るのだった。

「二キロはあっという間ですよ。パスタにかけるでしょ。かけるだけじゃなくてトマトソースに入れて溶かすこともあるでしょう。リゾットならできあがりの前にしっかりまぜ込みますよね。で、食べる時にまたかける。それだけでもかなり使うんじゃないかしら。こういう詰め物パスタも週末にはよく作るし」

作ってくれたのはエミリア・ロマーニャ州の名物、詰め物パスタ二種。ほうれんそうやリコッタチーズをメインにした詰め物を入れるラヴィオリと、挽肉メインの詰め物を入れるアノリーニ、どちらにもパルミジャーノチーズが欠かせない。詰め物の中に入れるだけではない。スープに浮かせて食べるアノリーニは、スープにもパルミジャーノチーズのすりおろしをかける。ラヴィオリに合わせるバターソースは、溶かしたバターにパルミジャーノチーズを散らす。どちらもパルミジャーノのダブル使いだ。

ほんとうにパルマの人はみなそんなに食べるんだろうか。ちょっと疑いつつ、あとで他の家でも聞いてみた。「一ヶ月に二キロはこのあたりでは控えめなほうだよ」と笑うので、さらに驚く。こちらのアンドレアの家は夫婦と小学生と幼児の四人家族だ。「ひと月三キロ平均かな。一キロのブロックが週に一個なくなったりはざらにある」というのだ。この家では野菜料理にもよく使うという。ほうれんそうやブロッコリーなら、ゆでてからオリーブオイルで炒めて、そこにパルミジャーノをちょっと散らすのかなと聞いてみると、すかさず訂正された。

「ちょっと？　ちょっと使うのはバターのほう。ゆでたあと、軽く、ちょっとのバターで炒めて、パルミジャーノはちょっとじゃなくたっぷりまぜる」

なるほど、たっぷり使うのだ。他の野菜にも、たっぷりかけてオーブンで焼いたり、野菜を炒めて作るフリッタータ（イタリア風オムレツ）にもたっぷり使うと教えてくれた。パルミジャーノは塩気があるが、料理に使う塩を減らせばたっぷりパルミジャーノが使える。たっぷり使うのがパルマ流ということらしい。

一方でちょっと使いは全国共通で、パスタ以外にもスープやドレッシングに入れたり、ミートローフなど肉料理にまぜこんだり。和食のダシのようだ。入っていることが即座にわからないくらい控えめでも味わいが生まれる。たっぷり使う料理から、少なめのダシ使いまで。パルミジャーノチーズは、イタリア料理のチーズの中ではひとり勝ちの選手なのだ。

甘酸っぱい島

イタリアに行くとよく家庭のキッチンにお邪魔する。広い、狭い、ごちゃごちゃ、すっきり……当然家ごとにさまざまだが、ひとつ共通点がある。砂糖の置き場所だ。砂糖が塩などと一緒に調味料のある場所に並べられていることはめったにない。では、どこにあるかというと、ベーキングパウダーやゼラチンなどと一緒に、お菓子作りの材料が入った棚や引き出しに置かれていることが多い。砂糖には「料理の調味料」としての役割がほとんどないのだ。

お菓子とコーヒーや紅茶など飲み物には使うが、ほぼ、それだけだ。甘い「おかず」はない。すき焼き、やきとり、生姜焼き、甘酢あえ、酢味噌、佃煮。寿司も。

甘い、甘辛い、甘酸っぱい料理は日本ならいくつでもあげられる。ところがイタリアにはほとんどないのだ。日本食として作ればおいしいと言ってもらえ、人気だけれど、それはあくまでエキゾチックな味としてのこと。イタリア料理としては甘辛はなく、甘酸っぱいは「作るのが難しい」「バランスが難しい」「お砂糖はふだん料理に使わないから」と敬遠する人が多い。お料理好きな人でも、である。

ところが、そんなイタリアの中にも例外がある。料理に砂糖を使う地域があるのだ。シチリアだ。「甘い料理」の中でも「甘酸っぱい」がここでは生きている。そのことを実感したのは、シチリアで催す、和歌山食品試食会の企画をはじめた時だった。「日本料理」として紹介するのではなくイタリア料理と合わせて、特に地元シチリアの料理とともに使いたいと考えた私は、レシピメモと一緒に、いくつかの商品をまずは協力者であるシチリア人に送った。オリーブ農園の主で、料理家でもあるナタリアさんだ。一週間ほどした頃、連絡があった。

「早速食べてみたけど、おいしいわね！　○○も、□□もおいしい。甘酸っぱいのが最高。ウチのオリーブオイルとよく合うし、シチリアの魚とも合う、野菜とも！」話が止まらない。電話の声は弾んでいる。嬉しいサプライズだったという。

シチリアはイタリア半島の南、地中海に浮かぶ大きな島だ。長い歴史の中でさまざまな国の領土になり、影響を受けてきた。ギリシャ、ローマ、イスラム勢力、ノルマン人、スペイン等々。その中で、中世にシチリアを治めたイスラム勢力、つまりアラブ系の食文化が、砂糖や、甘酸っぱい味覚をシチリアにもたらした。野菜や綿花、養蚕のための桑の木などとともに、サトウキビもアラブ世界からシチリアに持ち込まれたのだ。日本ではフランス名の「ラタトゥイユ」が有名な、夏野菜のオリーブオイル蒸し煮は、イタリア語ではカポナータと呼ばれる。シチリアが元祖とされ、甘酸っぱい料理の代表格でもある。パプリカやズッキーニ、ナス、トマト、セロリなどの夏野菜に加えて、オリーブの実が入り、調味料にはオリーブオイルと塩以外にワインヴィネガーと砂糖が入るのだ。ほのかな甘酸っぱさが食欲増進してくれる。

何度ものやりとりのあと、和歌山食品シチリア料理試食会のメニューは一〇品、そのうち甘酸っぱい味は四品に決まった。シチリアの生野菜のサラダにはドレッシングを二種。糖度が高い甘いみかんジュースにシチリアのレモン果汁を少し足し、オリーブオイル、塩をまぜたドレッシングと、甘いぽん酢にじゃばらという酸っぱい柑橘の果汁とオリーブオイルを足したドレッシング。柔らかくゆでたブロッコリーには、みかん果汁ベースのみかんぽん酢とオリーブオイル、松の実をからめた。かつおだしに米酢、砂糖をブレンドしたぽん酢商品をメインに、ダイダイ果汁、オリーブオイルを合わせて炒めたイカをマリネした一品も。梅干しや山椒、醬油や米酢などを使った甘酸っぱくない料理とともに出したこれらの「甘酸っぱい」軍団は、どれも好評だったのだ。

「これおいしいですねえ。ちょっと甘いところがいいね」「シチリアの味覚をわかってくれている。よく合うよ」「この甘酸っぱい味、いいですね」

シチリアの記者たち、ワイナリーや農園の主、レストランシェフやオーナーなどの食関係者たち、商工局の人たちにも好評。おかわりに来てくれる人、商品の味見をする人、皆の感想に、甘酸っぱいになじみが深いシチリアを感じた。シチリアは「甘酸っぱい島」なのである。

iii

目覚めのカフェラッテ

「コボコボコボ……」

キッチンに響くこの音で一日がはじまる家がイタリアには多い。少しのんきなこの音は「モカ」や「カフェッティエラ」などと呼ばれる、家庭用のコンロにかける直火式エスプレッソメーカーが立てる音。全体がポットの形をしたエスプレッソメーカーは上下に分かれていて、下のパーツは水を入れるところ、上のパーツはエスプレッソが抽出されて出てくるところになっている。カゴにコーヒー粉を入れて下のパーツにセットし、上下のパーツをつなげてコンロにかける。湯が沸き、カゴのコーヒー粉を通ってエスプレッソとなり、上のパーツの筒の中を上にあがる。その時の音がコボコボなのだ。イタリアであちこちの家を訪ね、エスプレッソも数え切れないくらいいれてもらった。そのたびにコボコボだ。自宅でもよくコボコボと使っている。なのにこの音で目に浮かぶのは、ソレントの友人宅のほの暗いキッチンだ。

暗いのは雨戸が閉まっているから。イタリア滞在中の常で、時差ボケで早起きし、うろうろしていると、友人のカルラが起きてきた。

「コーヒーいれるね」

彼女は雨戸はそのままに、まだ眠そうなふわっとした顔をしたまま小さな「モカ」を取りだし、ゆっくりとした動作で水を入れ、粉を入れ、スプーンで押さえ、ぐるぐる回して取り付け、小口のコンロに置いて火をつけた。自動操縦モードで、ふだんのテキパキしている彼女の四割減くらいのモードだ。家では必ず毎日、こうしてエスプレッソをいれているという。モカは数分で、コボコボコボ……と音を立てはじめ、音とともに強い香りが暗いキッチンに広がりはじめた。

音と香りに、眠気覚ましの効果があるのかもしれない。カルラはエスプレッソの香りのせいか自動操縦から少し抜け出した感じになってきて、冷蔵庫から牛乳を出した。

「カフェラッテでいい？　あたためる？」

秋だったが寒くはなく、私は薄い長袖のTシャツ。熱いのはちょっとなあ、でも冷たいのも……と優柔不断になるような気温だった。迷っている私の顔を見てひとこと。

「ティエピドにしましょ。ね、それがいいでしょ」

断言して答えを待たず、ミルクパンを取りだした。

ティエピドはぬるいという意味。そうか、「ぬるくする」という選択肢があった。思いつかなかった。「ぬるかん」は日本酒にはあるけど、コーヒーや紅茶にはない。水でもコーヒーでも、日本人はとくに、飲み物は冷たいならとことん冷たく氷を入れてきーんと冷やす、ホットならゆめゆめさめないようにやけどしそうに熱くと、極端をよしとする。でも、ちょっとあたためるこの「ぬるい」は、飲みやすく、きっと体にもやさしいはず。気に入った。

このあと、カフェラッテは「ぬるい」を入れた三択で考えるようになり、家族にも三択で聞くようになった。春や秋など、冷たさと熱さがほしい時期以外はコポコポを聴きながら牛乳は軽くあたため、この時と同じぬるいカフェラッテをいれている。

無塩朝食

イタリアの朝ごはん、というと浮かぶひとことがある。ホテルではなく、はじめて友人宅に泊まった時の、友人のお母さんのひとことだ。前の日の夕方に着き、夕食をごちそうになった。食後には、お父さんが買ってきたプチフールをいただいた。お母さんは五、六個残ったプチフールの箱を片付けながら、「じゃあ残りは明日の朝ごはんにいただきましょう」と言ったのだ。

誰もがうんうん、とあたりまえのようにうなずいていた。到着して間もない私は黙っていたが、内心驚愕。朝ごはんにケーキ？　朝ごはんに？

大きな「？」を抱いて眠った。翌朝、そのプチフールはかわいいお皿に並べられて食卓に登場した。ビスケット、パン、ジャムも食卓に並べられた。カフェラッテと一緒におもいおもいに食べる。プチフールは食後のデザートではなく、まさに朝ごはんメンバーの一員だったのだ。

カフェラッテ、プチフール、他のものも……みな甘い。甘いんだ、イタリアの朝ごはんって。塩味アイテムがないことを驚きとともに悟った朝だった。

甘い朝ごはんはその後もあちこちの家で遭遇した。日本から夜遅く着いた私と息子に、早朝空腹で目が覚めるかも、と友人が用意してくれていたのも甘いスポンジケーキのような朝用のお菓子だった。

スーパーに行くと、驚きの光景が広がっている。「ビスケット売り場」が広いのだ。お菓子売り場とは別でビスケット類だけだ。プレーンなもの、米粉入り、全粒粉、バター不使用、バターたっぷり、とうもろこし粉入り、チョコチップ入り、チョコ生地……何十ものバリエーションが並ぶ。ナポリでも、シチリアでも、フィレンツェでも、ローマでも……どこのスーパーに行っても広く大きな棚がある。家庭の朝ごはんの基本はビスケットなので、種類豊富に各社が揃えているのだ。ネットショップでも朝食用ビスケット専用コーナーがある。食器や陶器の店に行くと、ビスコッティ（ビスケット）と書かれた大きいフタ付き容器を見かけるが、これはビスケットを入れておく食卓用品なのだ。

ホテルも基本は甘い朝ごはんだ。朝ごはん用のパンは、日本的に言えば菓子パンに入るちょっと甘いパン類が基本で、ブリオッシュと総称される。そのひとつにクロワッサンと同じ形のパンがあるが、表面にシロップがかかっていたり、中にジャムやチョコが入っていたりと、とにかく甘いのだ。

完全にカリカリになって売られているミニトーストパンもある。ここには普通、はちみつやジャムをつけて食べる。その他にはヨーグルトやシリアルも用意されているが、とにかくみな甘い。

フィレンツェに行くと必ず泊まるホテル〈グエルフォ・ビアンコ〉ではハムやチーズのスライスやゆで卵も置いている。「『イタリアン朝食』だけにしたいけど、外国のお客さんからハムなどリクエストされることも多くて塩味のものも控えめに置いているんです」とホテルのマネージャーが話してくれた。通いはじめの頃はこのホテルに泊まるとチーズもハムも、と塩味アイテムも食べていたけれど、だんだん食べなくなった。ランチも夕食もイタリア料理を食べる日が続くと、朝は「しょっぱいものは合わない」「なんか要らない」と感じるようになったのだ。

それからは家でもホテルでも、朝の飲み物はオレンジジュースにカフェラッテかカプチーノ。カフェラッテやカプチーノには砂糖を軽く入れる。ふだん甘いものを食べる時は必ず無糖のコーヒーかお茶類にする私だが、朝は別。パンやパンケーキも甘めに。イタリアの朝ごはんは別腹ならぬ、別ルールになり、少し甘くするのだ。まだ一日の活動に入る前、ほんのり甘いものだけを食べて飲むことで、昼や夜にしっかり働く味覚を休めてあげ、甘やかす。これこそ正統派イタリアの朝ごはんだと思っている。

エスプレッソは飲み物じゃない

イタリアのコーヒーと言えばエスプレッソ。家でも、バールでも、レストランの食後でも、小さなエスプレッソカップに、半分以下のくろぐろと濃いコーヒーが注がれる。「どうしてこんなに少ないのか」や「これじゃ飲んだうちに入らないよ」などは、アメリカや日本からの旅行客に多い定番の文句・感想だ。エスプレッソは日本でも普通に見かけるようになったけれど、やはり「少なすぎる」という声はよく聞く。少なすぎるわけは、フィレンツェのジョルジョ氏によるとかんたんなことだ。それは、「エスプレッソは飲み物じゃないから」である。

ええ？　飲み物じゃなかったらなんなんです？　と詰め寄る私に、さらなるひとことは「元気づけ、かな」だった。

そもそもエスプレッソは、あまりに少ないので喉をうるおす役には立たない。七グラムのコーヒー豆（粉）に水は三〇ccというのが基本。三〇ccというのは、計量スプーンの大さじ、たった二杯だ。カフェ・ルンゴというのがちょっと薄いエスプレッソだが、そちらは七グラムのコーヒーに、倍の六〇ccの水。大さじ四杯。それでも飲むというほどの量ではない。それほどに「ちょびっと」が正式なのだ。キュッと一杯飲んで元気を出したり、さ、はじめるぞとか、行くぞという自分への鼓舞だったり、気分転換だったり。そんな役割を背負っているのであり、飲み物ではないというのがジョルジョ氏の解説だ。なるほど、だから少なくていいのか。

ゆっくり楽しんだ食事の最後のしめくくりとして、ごく少量飲むリキュールに似ているなと思った。リキュールは甘いし、エスプレッソも甘くして飲むのが基本だから、よけいに似ている気がしてしまう。驚くほど少量な上に驚くほど甘い。

そして、エスプレッソには、まぜる時間がたいせつだということを、朝のバールで上から眺めて知った。朝は使っていないバールの中二階から、ひっそり一階の朝の賑わいを見せていただいたのだ。通勤、通学の途中……途中というより、学校やオフィスに入る前に立ち寄る人が多い場所だった。

カウンターで、バリスタが大きなコーヒーマシンでエスプレッソをいれる。カップをカウンターに置く。客はカップを持ってフロアに行く。友人か知り合いかを見つける。立ち飲みテーブルにカップを置く。ここまでは流れるように速い。砂糖を入れる。一杯、二杯。そしてカップを持つ。片手にカップ、片手にスプーンだ。相手と話している。

話しながらスプーンでまぜるまぜる、話してる、まぜるまぜる話してる、まぜる。やっとスプーンを置いて飲む。飲む。飲む。カップを置き、去っていく。

二人で話しているのを見ていると二人ともまるで鏡で映したようにぐるぐるまぜている。一人で飲んでいる人は話す時間こそないものの、同じようにぐるぐるまぜている。まぜる時間に比べて飲む時間は圧倒的に短い。

エスプレッソに入れた砂糖はよくまぜないと溶けない。飲むのは少しずつにしても二口三口で終わってしまう。だからかきまぜ時間が長く、飲む時間が少ないのは、あたりまえなのかもしれない。でもそれだけじゃない。実際には、すぐ溶けてもまぜ続けるし、砂糖を入れない少数派もまぜるのだ。

理由のひとつは、おいしさのためらしい。バールのマシンで抽出したエスプレッソは、まぜないままだと味にムラが出るのだそうだ。実験もされているという。どうしても上が濃く苦く、下が薄く酸味が残り、まぜるとムラなくうまみが出るという。なるほど。

もうひとつは、と店主に聞いてみた。

「リズムですね。人と一緒なら話の区切り、ひとりなら、ちょっとぼうっとするとか、考えごとをするとか。短くてもリズム、区切りというかね。区切りがつくまではまぜているほうが具合がいいんですよ」

確かに、ひとりでしばらくまぜていて、すっと気持ちが戻ったようにスプーンを置き、さっさっと飲んで立ち去る人がいた。飲むモードになるまで、整うまでがまぜる時間。エスプレッソをきゅっと飲む時、自分の中でリズムを打っているのかもしれない。

甘々レモンティー

マッシモとクリスティーナの夫婦とはじめて会ったのはピサ。駅前で待ち合わせた。斜塔のある町として有名なピサは、大学の町でもある。駅前の広場から続く商店街は、いつも賑わっている。汗ばむ陽気の六月。道行く人はみな半袖、マッシモも半袖、奥さんのクリスティーナはノースリーブだった。商店街のバールに入ることにした。

バールの前で立ち止まり、「アイスティーじゃない？」とクリスティーナ。「そうね、アイスティーじゃないとね」と私。「アイスティー三つね」とマッシモ。初対面なのに何かの暗号のようにアイスティーを繰り返す私たち。実は、夏のイタリアで「アイスティー」には訳がある。瓶や缶のドリンクは冷たいものも売っているが、席に座って飲めて、冷たくておいしい飲み物は、アイスティーくらいしかないのだ。

イタリアの飲み物は？　と聞かれてアイスティーを連想する人は珍しいだろう。イタリアにはコーヒーがあるじゃないか！

たしかに今はイタリアでも、アメリカのコーヒーチェーンも出店してきており、冷たいコーヒードリンクがスーパーでも売られたり、高速道路のサービスエリアのメニューにもなったりしている。しかし、長年イタリアでコーヒーといえば、少量の濃いエスプレッソか、あたたかいカプチーノやカフェラッテのことだった。「冷たくてゴクゴク飲む」ものがなかったのだ。アイスコーヒーはバールのメニューにあっても、甘くしたエスプレッソを氷で薄めたもので、おいしいものに出会うことは少なかった。アイスコーヒーと口走る私にイタリア人はよく「アイスコーヒー？イマイチだよ」とアドバイスしてくれた。暑い時はアイスティーと相場が決まっていたのだ。私たち三人はお揃いのアイスティーを飲み、外の日陰のテーブルに席をとり、話をした。

イタリアのアイスティーは、まず第一に甘い。かなりの量の砂糖やはちみつが入っている。第二に、さわやか。レモン汁が砂糖に負けじとたくさん入っているのだ。普通は酸っぱくなるところが、酸っぱくはない。

こんなに？　と思うくらいの砂糖とレモン。どちらも多すぎるはずが、絶妙のバランスでさわやかなのである。

このピサでのアイスティータイムのあと、二人の家でもアイスティーをごちそうになった。ティーバッグを二個使って熱湯で濃い紅茶をいれる。熱々のところに急いで砂糖とはちみつを半々くらいに入れ、よくかきまぜて溶かす。氷でいっきに冷やし、レモンを搾って入れる。味見をして、グラスに注ぐ。

「え？　甘さが足りなかったら？　冷めちゃったらお砂糖入れても溶けないからね。だからこれはちゃんと計って入れるようにしてるよ」と言う。

そして、ホットの場合も基本は同じだ。風邪気味の時、寒い中冷え切って外から帰ってきた時、ちょっと疲れてひと息つきたい時、いれるのは紅茶。ふだんはあまり飲まないので棚の奥のほうをごそごそさがしてティーバッグをひっぱりだしてくる家もある。アイスティーを作る時と同じように熱湯で入れて砂糖、はちみつたっぷり。冷やさずにレモンをたっぷり搾る。あたたまり、元気になる。イタリアでは夏も冬も、ひそかに地味に、紅茶が活躍しているのだ。日本の喫茶店やカフェで出るレモンティーとは別ものなので、私は「甘々レモンティー」と呼んでいる。

砂糖感覚

イタリアで家に招かれると食後にフルーツが登場することも多いけれど、フルーツポンチが登場することも多い。イタリアでは「マチェドニア」と呼ばれ、昔ながらのレストランではメニューに入っていることも多い、ポピュラーなデザートだ。使うフルーツは季節により、その家の好みによりさまざま。

ある初秋の夜にドメニカさん宅でごちそうになったマチェドニアは、二種類の葡萄、りんご、いちご、木いちご、パイナップル、バナナ、とにぎやかなラインナップだった。葡萄と木いちご以外は小さめに切って、大きなボウルに全部入れた。レモンを縦四つに切ってそのひとつをボウルの上で豪快に搾り、ボウルをゆらす。そして、ドメニカさんが棚から取り出したのは、グラニュー糖の袋。たぶん一キロ袋だ。袋を手に持ち、さーーっ……。気持ちよい音でボウルに入るグラニュー糖。あっという間にかなりの量がフルーツの上に白く降り積もった。

グラニュー糖はサラサラしているので、袋から直接入れる時、手元がくるって予定の量よりはるかに多く入ってしまうことが、私はある。そんな時は急いでスプーンで少しすくい出したりする。もしかしたらドメニカさんも？　と一瞬思ったが、そんなことはなく、平然と袋の口を閉じ、棚にしまった。適量だったのだ。

これは絶対甘過ぎるはずという私の予想に反して、ドメニカさんのマチェドニアは、ちょうどよい甘さだった。葡萄や木いちごの酸味のせいもあるだろうけどそれだけではない。何品ものイタリア料理を満腹になるまでごちそうになったあとに、しっくり来る甘さだったのだ。

マチェドニアは基本「フルーツと砂糖の合体」というシンプル至極なものだからこそ砂糖の部分と合体の部分に、好みややり方の違いが出る。ドメニカさんは、レモン汁とグラニュー糖のみ。それも、直接かけて置いておく。食事の用意のはじめ頃にかけて置いておけば、二時間後、三時間後、食べる時にはきれいに溶けて、味も回っているというわけだ。小さい子どもがいるアナローザさんのところは、一〇〇％のオレンジジュースを砂糖と合わせて漬けていた。ジュースの味もだがガラスの器できれいな色が見えて喜ぶからだという。

先に砂糖と水を鍋に入れて溶かしてシロップを作っている人もいた。子どもがいない家では、さめたシロップにリキュールをたっぷり注いでいることも。スパークリングワインの栓を抜いてそのまま砂糖とまぜたり、ワインと砂糖を煮溶かしてアルコールを飛ばしたワインシロップを作って漬ける家もあった。個性全開である。

個性全開だがどこの家もしっかり甘いというところは共通。もちろんレストランのマチェドニアもしっかり甘い。もし、照り焼きや煮物など、砂糖やみりんを使った甘味のある和食を食べたあとだったらきっと甘過ぎてギブアップするだろう。イタリアの食事には、甘い料理がほとんどないから、デザートはとびきり甘くてちょうどいいのだ。

だからイタリア人は日本の和菓子の甘さを少し弱いと感じるのだろう。おみやげに持っていった和菓子を食べたイタリア人の感想は、「繊細でおいしい、見た目も素敵」、小豆あんや白あんも「質がいい栗のクリームに似てる」といつも高評価なのだが、甘さについては「あまり甘くないね」という声が多い。日本人の間では、「上品な甘さ」「あまり甘くなくておいしい」というのがほめ言葉になる。砂糖感覚の違いには、わけがあるのだ。

イタリアの柿使い

イタリア中部のトスカーナ州と、その北のエミリア・ロマーニャ州との境界は、ほぼ山で、海に近い西側のマッサ・カッラーラ県は大理石の産地として名高い。産地にほど近いコロンナータという村にあるラルドの工房を訪ねた。ラルドとは、豚の脂肪部分の生ハムだ。ハーブやスパイスや塩をすり込み、大理石製の箱で熟成させて作る。「貝谷郁子と行くトスカーナ食探検」のグループメンバー六人と、ミニバスでの移動。見学が終わってランチタイムになり、ドライバーさんを呼びにいくと、斜め上を見上げている。私が近づくと言った。

「あれ、カキの木だよ、大きいな」

「ほんとだ。実がなってますね」

幹は細身だが、枝が大きく広がってのびている。広がり具合は大木。枝の先のところどころにオレンジ色の実がなっている。

「イタリア語でカキって言うんですよね。日本でもカキって言うんですよ」

「日本語でも！　ほんとに？」とドライバーさんは驚いたが、イタリアでも柿はカキという、と話すと日本人も驚く。私も知った時は驚いた。

柿はフランス語でもイタリア語でもカキ。辞書にもちゃんと載っている。イタリアでそのまま使われている日本語としては最古かもしれない。柿は一八〇〇年代からイタリアで栽培されているので、すっかりなじんでいるのだ。日本では縄文や弥生時代から食べられていたらしいので歴史のケタは違うが、イタリアでも当たり前のように風景の中に溶け込んだ木であり、身近なフルーツなのだ。ドライバー氏のように、「純粋なイタリア語」と思っている人も多い。スシやカラオケのような外来語とは違うと思っているのだ。

「カキは、リコッタチーズとあわせるとおいしいんだよ。母親がよく作ってくれてね」。柿を眺めながらドライバー氏が言う。

子どもも孫もいるが今はひとり暮らしという彼は、子どもの時から柿が好きで食べるのが楽しみだったという。リコッタチーズは、なめらかでクリーミーな白いチーズ。チーズを作ったあとに残った乳清を再び（リ）煮て（コッタ）つくるチーズで、脂肪分が少なくあっさりしている。

「リコッタをガラスの器にスプーンでよそってね、そこに、柿をスプーンですくって、かけて、まぜる。はちみつをかけて、またまぜる。それだけなんだけどね、おいしくて」

はちみつをかけたあとまぜるのは子どもの役目だったらしく、それが嬉しくてぐるぐるとやたらかきまぜたのだと笑った。でも、絶対、よくまぜたほうがおいしい。熟れた柿の「とろり」はそれだけでも甘いところに、はちみつの甘さと、リコッタチーズが一体になる。

「柿をスプーンですくって食べる」は、実はイタリアの普通の柿作法である。フィレンツェの家でごちそうになった時、食後のフルーツがカゴに盛られて登場したことがある。柿は、強くつかむとつぶれそうなくらい柔らかい「熟柿《じゅくし》」だった。フルーツを入れる皿と、小さなフォーク、ナイフが配られていて、これはどうやって？と悩んでいたら、スプーンを持ってきてくれた。

「ナイフでヘタを切って、スプーンで食べて」と言う。柔らかい柿が好きな私にはベストの食べ方で、そのとおりにヘタの下から切り取り、とろとろをスプーンでいただいた。それ以来、柿の季節にイタリアにいる時はスーパーでも市場でも気にして見たり、買ったりする。

最近はサクサクした硬めの柿も広がってきた。その名は「りんご柿」。イスラエル原産で、イタリアでも栽培されており、切って皮をむいて、そのまま、つまりまさにりんごのように食べるという。それでも、昔ながらの熟柿は健在。これじゃなくちゃ、というイタリア人は多く、料理雑誌には「柿（よく熟したもの）」と注書きがついたデザートレシピが並ぶ。柿にはスプーンが似合うのだ。

シチリアの〝有名人〟

イタリアに縁がなく何も知らない時から、食べたことがないのによく知っているイタリアのお菓子があった。その名はカンノーリ。知ったのは映画『ゴッド・ファーザー』だ。パート1で、舞台はニューヨーク。イタリアンマフィアの幹部の一人が家を出る時、奥さんに「カンノーリを忘れないで」と言われる。忘れず買って、包みを手にぶらさげている。その足で、裏切り者の殺しを遂行する。殺したての死体がある車の脇で部下に「銃は置いていけ。カンノーリ取ってくれ」と命じるセリフが有名になった。カンノーリはシチリアの名物お菓子。同じ『ゴッド・ファーザー』のパート3では、シチリアが舞台になり、カンノーリが殺しの「道具」に使われる。毒を仕込まれるのだ。被害者がカンノーリを喜んで食べるシーンもある。日本でも放送されたイタリアの人気刑事ドラマ『ヤング・モンタルバーノ』シリーズにもカンノーリが登場する。シチリアの架空の町が舞台のこのドラマ、食にこだわる警視がある朝、クルマで移動中に部下に言う。「止まってくれ、カンノーリを買わないと」「こんな時間にですか」「自分用じゃない」。警視と相性が悪い監察医への手土産にし、情報を早く手に入れるためだ。ピスタチオまぶしと、フルーツ甘煮入り、二種類のカンノーリがアップで映り、思わず手を画面にのばしそうになる。

筒状で、両端が斜めに切り落とされた形。厚みはあるけどカリカリ。これは小麦粉、ラード、砂糖を練って、筒状に形作って揚げたもので、中にはとろとろクリームが詰まっている。クリームの正体は、リコッタチーズと砂糖。リコッタチーズは乳脂肪分が少ないので、くどくはない。でも外のカリカリとともに食べ進んでいるとぐっと満腹になる。

ほんの数日で本場のカンノーリを何個も堪能したのは、シチリアの農園や生産者を訪ねる視察旅を企画・案内した時だった。ひとつめのカンノーリは、オリーブオイルとワインと地ビールを造っている農園でのランチ。地元のチーズやサラミ、農園で作る野菜やオリーブのカナッペ、マリネ。そしてパスタ……と品数多いランチのラストに登場したのがカンノーリだった。農園は若い兄弟が指揮しているが、料理はお母様の領分。トレイに、できたてのカンノーリをたくさん並べて持ってきた。チョコがちりばめられたリコッタクリームが筒の中から盛大にはみだしている。

「クリームたっぷりのほうがおいしそうでしょ？　たくさん作ったから、遠慮せず食べて」

ふたつめのカンノーリは、小麦の栽培からパスタ作りまで一貫して手がけるパスタ工房で食べた。小麦畑を眺めながらのランチのラストが、自家製の全粒粉を使って作ったカンノーリだった。筒が太く、それだけリコッタクリームの量も多いということだ。まっ白のリコッタクリームに散っている刻んだピスタチオの緑色が鮮やか、全粒粉の存在感が強い筒には粉砂糖がかなり積もっていた。

そして、ホテルの朝食でも。バイキングに、ミニサイズのカンノーリが積み上がったトレイがあったのだ。カンノーリの子どもという感じで、つい食べてしまった。町を歩けば、パティスリーのショーウインドウには必ずといっていいほど、カンノーリが目立つところにあった。揚げ生地の色、クリームのはみ出し具合、トッピング、粉砂糖のかかりかた、そして大きさ太さ。ひとつひとつ違っていて、眺めて楽しく、食べ比べて楽しい。

クリームを詰めるとどうしても生地が湿ってくるので、客が来てからクリームを詰める店が多いという。「ベストは二時間、三時間以内。そのあとも食べられるけどおいしさがどうしても減ってしまう」と店の人。つまりこれはイタリアから持って帰ってこられないお菓子なのだ。だからこそ、最近日本でも作るところが増えているというのがちょっと嬉しい。

ふたつの「ミルクの花」

ローマで有名なジェラート屋だから絶対行くべき、とローマに住む友人カップルにひっぱられて行ったのは、〈ジョリッティ〉という店だった。外も中も人が溢れている。イタリアでは、バール、カフェ、パスティッチェリア（菓子屋）、ジェラテリア（ジェラート屋）と看板にいくつも並べている店も多いのだが、ここはジェラートだけ。みないろいろなジェラートを食べていて、観察するにも人の数が多すぎる。何があるか、ショーケースをのぞくのも順番待ちの雰囲気だ。

二人からの指令は「おすすめはミルクの花。これだけは食べて」だった。ミルクの花！　何だかロマンチックでかわいらしい名前だし、そのうえおいしそうと思ったのだが、「ミルクの花」は私の脳内直訳。本当は、牛乳の上澄み、つまり昔ながらの牛乳なら上に浮いてくるクリーム部分のことを「ミルクの花」というのだとあとで知った。原材料そのままの名前といえばそれまでだが、この「ミルクの花」ジェラートはピュアで本当においしく、色がまっ白なのもいい。

材料は牛乳と生クリームと砂糖だけ。バニラが入っていることも多いが、控えめで主張していない。牛乳のおいしさ全開。ジェラートやアイスクリーム類は卵を入れる製法が多いが、あえて卵なしなのだ。砂糖を加えて沸かした牛乳と、泡立てた生クリームを合わせて作る。他のジェラートのベースになることも多いといい、どちらかというと地味な存在で、人気ランキングでは上位には来ないらしい。でも私は、教えてもらったこの時以来、二個重ねのダブルの時は必ず一種は迷わずミルクの花、二種目はその時の気分で選ぶことにしている。苦みのあるコーヒーの香りがいいモカ、ごろごろ丸ごと入っているヘーゼルナッツ、濃厚チョコ、きれいなグリーンのピスタチオ、ベリーミックス……。強い風味のジェラートを食べても、ミルクの花があるから、バランスが取れてちょうどいい。

実はイタリアには、牛乳好きには嬉しい、牛乳主役のお菓子がもうひとつある。材料はミルクの花と全く同じ、牛乳、生クリーム、砂糖。これにゼラチンが入る。もうひとつのミルクの花。パンナコッタだ。

パンナコッタは言葉の響きがかわいいし日本人にも発音しやすい。かなり前に日本で流行り、その後定着したのも、この響きのかわいさがひと役買っているに違いない。

しかし、これは直訳すると、少々がっくりする。「煮た生クリーム」だからだ。パンナが生クリーム、コッタが煮たとか加熱した。そのままである。

ジェラートも、パンナコッタも、材料がシンプルなだけに微量で違いが生まれる。人により、店により、配合はさまざまだ。ジェラートはたいてい牛乳のほうがかなり多いが、中には半々で合わせるところもある。

パンナコッタは逆に、レストランでは生クリームのほうを多めにしてコクを強めにするところが多い。コク強め、濃厚で少なめの量、ベリーなど季節のソースでアクセントをつける。

家庭では、私が聞いたところでは半々が多い。何度もいろいろな配合を試して、私も半々に落ち着いている。半々ならあっさりした仕上がり。ゼラチンを少なめにしてとろっと口どけよくする。家庭ならではは、どっさり盛りつけてたくさん食べられる。

ミルクの花は、イタリア甘いもの界一の、「花」なのかもしれない。

市場歩きから

市場歩きは楽しい。小さな広場の青空市場から、週に一度の大がかりな産直市場、常設の市場。すきま時間があれば必ず行く。いつも何か発見があり、知らなかった野菜や、食材との「出会い」がたくさんある。でも人との出会いはたいてい一期一会だ。野菜やハーブのことをたずねたり、買い物をしながら食べ方を教えてもらったり。話して、御礼を言って別れる。また会うことはまずない。そんな中で、ひとつだけ、大きな出会いがあった。フィレンツェ中央市場でのことだ。

フィレンツェの中央市場は駅からもほど近く、観光名所からも歩きやすい、旅人にも便利な立地。今は二階がフードコートになっている。ピッツァ、パン、手打ちパスタ、サンドイッチ、揚げ物。フィレンツェ風ステーキでも有名な「キアナ牛」を使ったハンバーガーショップもあればビーガン向けの店もあり、旅人には嬉しい食事処になっている。一階はパルミジャーノなどチーズ、パスタ、ドライハーブ……おみやげにいい食品のお店が並んでいる。

二〇一四年までは、一、二階すべて市場だった。二階は全面、野菜と果物。一階は肉屋、魚屋からチーズ、パスタ、豆等々、青果以外のすべてが揃うフロアだった。お昼頃にはクローズする。ゆっくり歩いて見て回れるので、フィレンツェに泊まると翌日の午前中はたいてい市場行きだった。

まずは二階に上がるのが、私のいつものパターンだった。天井が高く、店ごとの仕切りがないのでフロア全部を見渡せる。視界が開けて気持ちがいいのだ。大きな出会いの日、二階を一時間以上くまなくうろうろし、一階に下りてざっと見て回り、帰ろうと外に出たら、いつのまにか雨が降ってきていた。濡れて歩くには強過ぎる雨だったので、回れ右、一階をじっくり回ることにして、三軒目が、高いカウンターの端に馬の置きものが立っている小さな肉屋だった。馬肉だ、と立ち止まった時、そこに立っていたのが、その後長いおつきあいになるマルチェラさんだった。

「すみません。私、イタリア料理のことを調べている日本人ですが、少しおうかがいしてもいいですか」

いいですよ、という答えに、馬肉をどんな風に料理されるんですか、と質問した。オーブンでローストにするのだそうで、肉屋さんにロースト用の糸巻きを頼んだところだという。糸巻き待ちだった。

「あとは家で胡椒や塩をすりこんで、オーブンに入れるだけ。馬肉は栄養価も高いし、おいしいんですよ」

ていねいに説明してくれる。ローズマリーの枝も一緒にローストするという。

御礼を言った私に、彼女は「私は来たところで、これから市場回るんですよ。一緒に回る?」と誘ってくれた。少し前までうろうろしていた二階に私は再度、マルチェラさんと一緒に上がった。

グリーンオリーブのアク抜きのこと、旬のきのこを料理するときに欠かせないネピテッラというハーブのこと、この時はじめて知ったことがいくつもある。ていねいな話しぶり、私が知っていることかどうか確認して説明、と先生のような雰囲気。実は小学校の先生をしていたとあとで知った。一階に下りれば、魚や肉、チーズや乾物屋さんをひと回り。市場ツアーが終わって外に出ると雨はやんでいて、途中まで一緒に歩いた。それぞれの行き先が左右に分かれる交差点で、彼女は今度は「エスプレッソを一杯どうぞ」とお宅に誘ってくれた。

お宅ではエスプレッソの話にはじまり、フィレンツェやその周りのトスカーナ州の広報係のように、地元の料理やお菓子の話をしてくれた。印象的だったのは、カリカリと硬いお菓子「カントゥッチーニ」の話。このお菓子は二度焼きで作る。最初は生地全部を大きなかまぼこ形にひとまとめして半焼き。これを切って、断面を上に向けてもう一度焼き、カリカリに仕上げる。ゴロゴロと入っている丸ごとのアーモンドがうまく切れて、ちょうどよい食べ心地になる。料理は夫のほうが上手、というマルチェラさんだが、カントゥッチーニは泡立てや絞り出し、といった手間がかかる作業がないので、ときどき自分でも作るという。そして、地元の甘口ワイン、ヴィン・サントに少し漬けて食べるのが、正統派の食べ方なのだという。

ヴィン・サントとは収穫した葡萄を陰干しして乾燥させ、糖度を高めてから造られるワインの一種だ。甘味ははちみつのようで、色は琥珀色。その時はまだお昼前だったこともあり、少しだけね、気をつけて、とカントゥッチーニとヴィン・サントの瓶を持ってきてくれた。小さなグラスに注ぎ、ちょん、とつけると、甘さと香りが広がり、少し食べやすいかたさになる。クセになりそうな味だった。カントゥッチーニは、この出会いのあと、私もときどき作るお菓子になった。

ワイン蔵のジュース

「水を入れないでできる酒は、ワインだけって知ってるかい？　奇跡みたいなもんだよ。そうだろう？」

葡萄畑のそばを通る時、ワインを飲む時、いつも思い出す言葉だ。スーパーの棚でワインを見るだけでも思い出すことがある。この言葉はトスカーナ州、ルッカのワイナリーで主のジュリアーノ氏から聞いた。確かに不思議だ。ウイスキーも日本酒もビールも仕込み水が必要。ワインだけは水を使わない。収穫した葡萄だけでできているのだ。そのうえぜいたくなことに、ショットグラスのような小さなグラスではなく、たっぷり入るワイングラスで、ガブガブ飲める。

九月の中頃にはじめてワイナリーを訪ねた時、葡萄の収穫は一部の品種を除いてほとんど終わっていたけれど、こっちはサンジョヴェーゼ、あっちはマルヴァジア、と葡萄畑をゆっくり歩いて案内してくれた。その途中で、収穫されずにぽつりと残った出来が悪かったらしい房に手をやって言った言葉だった。葡萄が好き、葡萄ジュースも、ノンアルコールワインも、もちろんワインも好き、と「葡萄系」全てが好きな私だが、それまで気がついてもいなかった。

葡萄畑から少し歩いたところにあるワイン蔵は、手前に高さ二メートル以上のステンレスのタンクが並び、奥には木樽が並んでいる。収穫した黒葡萄は機械で小枝を取り除かれ、皮は破られて果汁ほとばしる状態になる。皮ごと手前のタンクに入れられ、赤ワインになるため発酵に進むのだ。大きなタンクの中は葡萄だけ。ジュリアーノ氏は前々日の夕方に入れたばかりというタンクのところに行き、ハシゴで上にあがり、フタを大きくあけた。降りてくると、上がって見ておいでと言う。おそるおそるハシゴを上がるごとに、葡萄の香りがむんむん強くなる。上部はいちめん皮で埋め尽くされている。入ったばかりという風情だ。降りると、彼は小さなグラスをふたつ持ってきて、タンクの側面にある大きなハンドルを注意深くゆっくりと回した。ふたつのグラスにきれいな葡萄色の液体が満ちると、ひとつを手渡してくれた。小さなグラスなのに葡萄の香りが立ちのぼる。

「飲んでみて。大丈夫、酔っ払う心配はないから」

ここにハンドルがあり、蛇口があるということは、タンクの中の発酵具合をチェックするためなのだろう。入れたばかりで、おいしいはずはないよね。そう思いながら、おそるおそる飲んだ。嬉しい驚き。甘味が強く、おいしいのだ。明らかに、ただの葡萄ジュースとも違う、濃厚で強い味と香り。

「これは今、何なんですか？」と変な質問をした。収穫しタンクに入れて二日間は、「ほぼ果汁」で甘味があるのだという。発酵がはじまると、葡萄果汁の糖分がアルコールに変わっていく。だからこの時以降、甘味は少しずつ減り、そのぶんアルコール分が増えていく。つまり、その日は甘味があっておいしいたった二日のうちの一日にあたっていたのだ。

「おいしいだろう。もう少し経つと若ワインになってくるから、飲んでもおいしくはなくなる」

いやあ、おいしい。舌なめずりしてしまいそうなのを抑えつつうっとり余韻を楽しんでいると、しばらく何も言わずに私の顔をみていたジュリアーノは、「いい時に来たな」と言って笑った。

発酵が終わるとステンレスタンクから木樽に移し替えられて熟成させる。適度な時、つまりワインの完成までは、たとえ途中で味見したとしても、おいしくはないのだ。そして最後においしくできあがるように、ずっと見守りコントロールしていくのだから、ワイン造りは気の長い作業だし、材料を何も足さずにできあがる、不思議なお酒だ……。

この時の味を再現なんて無理だ。毎年、収穫直後のワイナリーに日本から突撃するわけにはいかないのだから。それでも、少しでも近い葡萄飲料にならないかと試行錯誤した。ワインに砂糖を加えて煮て作ったワインシロップが、ちょっと近くて、一〇〇%の葡萄ジュースを少し足すとより似る気がする。「ワイン蔵のジュース風ドリンク」は、毎年アラームが鳴るかのように九月になると飲みたくなるのだ。

いつもワインと水を

開店前のレストランで料理の写真を撮っていた時のことだ。料理は牛肉のタリアータ。塊肉をこんがりグリルしてスライスし、粒胡椒やハーブ、野菜、オリーブオイルとともに食べる、トスカーナの肉料理だ。やはり、料理のバックに赤ワインがほしい。ワインを一杯、撮影用にとお願いした。シェフは「いいよ」と取ってきてくれた。深い色味の赤ワインをグラスに注ぎ、お皿の向こう側に置く。料理の撮影ではよくあるパターンだ。見ていたシェフが言った。

「撮影だからまあ、いいけど、ほんとはグラスはもうひとつ置かないとダメなんだよ」

料理に合わせて赤も白も飲むからですかと聞いた私にシェフは首をふり、「水だよ」とひとこと。

イタリアの正式な食卓には、水のグラスとワインのグラスが要るのだという。ワインはもちろん大切で料理と切っても切れない関係だが、ワインだけではダメだというのだ。水は、おいしい料理から一拍空けて、口中をリフレッシュするのに必要で「ワインがおいしいからといって水を飲まないのは、実は、料理をほんとに楽しんでいないことになるんだ」とシェフは話してくれた。

水は、ワインを飲み過ぎないようにする役割というくらいに考えていた。確かに、イタリアの家庭ではどんな食事の時でも、水のグラスとミネラルウォーターのボトルは必ず置かれている。それなら、と水のグラスも置いて写真を撮った。その時、グラスに入れてくれたのが、発泡ミネラルウォーターだった。

発泡ウォーターは、レストランで、街歩きの時、とイタリアではちょこちょこ飲んでいた。でもこの時リフレッシュが水の役割と知って、あらためて食事をしながら味わうように飲んでみた。泡が口中でシュワッと弾けて、口中がすっきりして、きれいになる。発泡なしの水に比べてさっとすばやくリセットしてくれる感じで、次の料理を最大限味わえる。イタリアで発泡ミネラルウォーターが好まれるのはだからなんだ、と確信した。

それでも、喉につっかえるし、おなかがいっぱいになるので強い炭酸は敬遠している。好きなのは、「エッフェルヴェッシェンテ・ナトゥラーレ」、つまり天然発泡水。天然ゆえ、微炭酸微発泡の水だ。

普通の炭酸水やイタリアの炭酸強めの発泡ウォーターは、炭酸を「添加」して作られているが、天然発泡水は自然に炭酸が含まれた水のこと。水が地中や岩の中を通ってくる途中で自然に炭酸が含まれた水なのだ。強い「パチパチ」とは縁遠く、ごく小さい細かいプチプチ泡が淡く弾ける。

はじめてこの天然発泡水を飲んだのはナポリの友人の家だった。「この地域の水だし、ウチはずっとこれ」と友人のお母さんが出してくれた薄グリーンのペットボトルの水は泡が柔らかくいくらでも飲めた。火山性の山の地下を通ってわき出ている水なので、ミネラルも豊富。かすかに味がある感じも新鮮だった。

すっかり気に入った私は、当時日本では買えなかったこともあり、ペットボトルを大小何本も買って、スーツケースに詰めて持って帰った。その後大事に飲んでいたら、微炭酸が災いしたのか最後のボトルを開けた時にはほとんどわからないくらいの微微微炭酸になっていた。

今はイタリア料理を作る日は、なるべく天然発泡水をさがして飲んでいる。味が強い、濃い料理には強めの炭酸も悪くないけれど、イタリア料理全般には弱い天然微炭酸が似合う気がする。

グラッパは「微量」の奇跡

ヴェネツィアに行ったら、必ず、夜、サンマルコ広場のカフェに行くように、とミラノの知り合いに強くすすめられた。「カフェ・コレットを飲んでみて」と言う。

サンマルコ広場は回廊がある古い建物に囲まれた、美しい広場。広場のカフェは、そのうち二軒が、一七世紀に創業した〈カフェ・クワドリ〉と一八世紀に創業した〈カフェ・フローリアン〉。世界で最も古いカフェと言われているこの二軒ともう一軒のカフェで披露される生演奏が有名だ。一軒の演奏が終わるとすぐ別の一軒ではじまるので途切れることがない。演奏の時間帯は、それぞれのカフェが外に置くテーブルと椅子がかなり埋まる。私は〈カフェ・クワドリ〉に決めて、カフェ・コレットを注文した。
カフェ・コレットはエスプレッソにグラッパをたらしたもの。グラッパとはヴェネツィアがあるヴェネト州が発祥の蒸留酒で、カフェ・コレットは、厳しい寒さに耐えるための労働者の飲み物としてヴェネト州のほか、寒い北部一帯がはじまりだという。だから、ヴェネツィアでの飲み物に、と知り合いは私に選んでくれたのだった。

エスプレッソが入ったカップ、砂糖、グラッパが入ったミニピッチャーが運ばれてくる。エスプレッソにグラッパをたらし、砂糖を入れてスプーンでまぜ、自分でブレンドする。熱いエスプレッソに入れるからか、コーヒーの強い香りの横からグラッパの香りがふわっと立ち上る。飲むと今度は、「横から」ではなく、エスプレッソが喉を通ったあとからグラッパの味と香りが追いかけてくる感じ。甘さとアルコールと苦さが合体する。

小さなピッチャーとはいえ、グラッパはまだ残っている。周りのテーブルを何気なくチェックすると、斜め横のカップルがどうやら同じ注文とわかった。二人とも飲み終わったらしい。すると男性は、ピッチャーを取って残りのグラッパを少しだけ自分のエスプレッソカップに注いだのだ。ちょっと中をのぞきこんで、スプーンでまぜ、いっきに飲み干した。エスプレッソカップには飲んだばかりのカフェ・コレットの残りの砂糖やエスプレッソがほんの微量残っているのだろう。そう思いながら私も真似してみた。カップの底に残った砂糖にはエスプレッソとグラッパがしみている。そこにグラッパを入れたので、ほんのり香り、ほんのり甘いグラッパになった。

これもまた、ヴェネツィアのある北部では認知されている飲み方で、カフェ・コレットのあとにというより普通のエスプレッソを飲んだあとにグラッパで「カップをきれいにする」と同時に「グラッパの香りを楽しむ」のだと、あとで聞いた。

砂糖とエスプレッソの「香りの残り物」を少量のグラッパで……と感心しつつ、連想したのはグラッパ自体のこと。グラッパは葡萄の搾りかすで造られた蒸留酒で、同じように「ほんの少し」が鍵になるお酒だということだ。トスカーナでワイナリーの主に聞いた説明を思い出す。ブランデーも同じ蒸留酒で、葡萄から造るのだが、全然モトが違うと自家製のグラッパの瓶を前に力説してくれたのだ。
「ブランデーは葡萄果汁が原料だから、まあ、豊富にあるわけだよ。グラッパはワインを造る時の葡萄の搾りかすが原料なんだから」

搾りかすもまあ、豊富にあるのではという私の素朴な疑問に主はさらに力説する。
「葡萄の皮はたくさんあるといえばあるが、皮だけじゃできないから。皮と一緒に少しだけ残っている果汁やら、種やら、発酵しかけのワインやらもだいじな原料になる。そもそも果汁やワインを取り除いて漉したあとの搾りかすだぞ。どんなに少ないと思う」

一トンの葡萄を収穫したら、搾りかすは一〇〇キロ弱、そこからできるグラッパのもとはたったの五リットルなのだそうだ。その中の微量原料の香りや味わいが、できあがりの味わいに影響する。

それ以来、グラッパを見たら、よくできあがったね、よかったね、と言いたいような気持ちになり、カフェ・コレットにしてほんの少し、を楽しんでいる。「微量」のなせるわざなのだ。

リモンチェッロは梅酒

ソレントの中心街からヴェスヴィオ周遊鉄道という小さな電車で二駅、みかんやレモンの畑も点在する住宅街にいる時。中心街のレストランに女友達四人で食事に行くから一緒に、と誘ってもらった。ピッツェリアで、みな思い思いのメニューをオーダー。ピッツァの人が三人、パスタの人が二人。ワインはひとり一杯ずつ軽く飲みながら、食べ終わり、「みんな食べるよね！」とジェラートを注文したところで一人が言った。

「やっぱり飲もうよ」「そうね、あれ」「リモンチェッロ！」

その時がリモンチェッロ初耳で、初飲みだった。レモンの皮で造ったリキュールで、ちょっと飲むのがいいのだという。色は明るい黄色、香りは甘いレモン。味わうとかなり甘いけれどレモンの香りが甘さをコーティングしている感じでイヤミにならない。なるほど、少しだけ飲むのにはいい。そもそも食後酒は基本、ちょっと飲むものだし。

余韻を味わって飲んでいるとみながリモンチェッロの説明をしてくれた。ソレントやその周りの地域はレモンの産地だから、リモンチェッロは彼女たちにとっては地元のリキュールなのだ。少しとろっとしてるのもいいねと言うと、冷凍庫に入れておくのだと教えてくれた。アルコール度数が高いので冷凍庫に入れておいても凍ってかたまる心配はなく、とろみがついて、より飲みやすい。とろみがあるとうっかりゴクゴクたくさん飲む心配はない、などなど。ひとりが最後にひとことでまとめてくれた。

「女子の食後酒なのよ」

イタリアの食後酒といえば葡萄の搾りかすから造る蒸留酒グラッパ、アマーロと呼ばれる薬草酒など、無色から薄茶色、濃い茶色のお酒ばかり。リモンチェッロは色だけでもかわいらしく、レモンのお酒というのもいい。苦みや強さを感じさせず飲みやすい。女性に好かれる要素がそろっている。

この初飲みリモンチェッロから何年かあとの冬、ひとり暮らしの友人宅を訪ねた。ひとり暮らしだから普通にパスタを作ったり、肉や野菜を炒めたり、ゆでたりと料理はするけど手の込んだものは作らない、料理はあまり好きじゃないと公言していて、ケーキやお菓子は作ろうと思わないという女性だ。

キッチンの隅に大きな瓶を見つけて「何？」と聞くと、テーブルに持ってきてくれた。

瓶の中にはレモンらしい黄色い皮がたくさん見える。「飲んだことあるでしょう、リモンチェッロだよ」と言われて、リモンチェッロを造っているの？　と驚いた。毎日の食事とは違い、造らなくても困らないものなのに……。

レモンの皮をむく。白いところを入れてはダメなのでていねいにむく。アルコールにつけて、一週間くらいは毎日朝晩、瓶をゆらして動かす。一週間経ったら皮は捨て、水に砂糖を入れて煮溶かして、アルコールと合わせる。「それでできあがり」

と淡々と説明してくれたが、説明されてもまだ驚いている私に「だってかんたんだもん。これならできるよ。やらない料理はいろいろあるけど」。そう言って彼女は笑った。

彼女は毎日電車で通勤しいつも忙しくしている。でも、レモンの木は身近にあり、レモンも山積みで売っているし、リモンチェッロも身近なお酒。だからハードルが低いらしい。

「梅酒だ!」

突然思った。

和歌山の南部は梅の産地で、和歌山県では、梅酒を造る人が多い。日本じゅうに造る人はたくさんいるとはいえ、やはり産地近くの人の「気軽さ」とはちょっと違う。梅を洗って、ていねいに拭いて、楊枝でヘタを取り除き、砂糖と梅を交互に重ねてアルコールを注ぐ。面倒な作業はない。甘いから飲みやすい。

リモンチェッロはソレント住まいのイタリア人にとって、梅酒なのだ。

おわりに

イタリアから帰ると、家族や友人に「おみやげごはん」をしている。

おみやげを買いにいく時間がないことも多いので、おみやげのかわりにその旅で出会った料理の中から印象的でおいしかったものをいくつか作るのだ。何を作ろう？　と考えるのはイタリアからの復路の機中が多い。滞在中にメモしたノートをぱらぱらめくって旅ごはんを思い返す。

往路ではこれからの旅に思いを馳せ、旅で食べるごはんに思いを馳せるのが楽しいのだが、窓から下をのぞくのも好き。いつも日本を出発して数時間後、必ず窓の下を見ていた。シベリア上空飛行中は凍った大地に道路がうねうねと光る。飽きずに大地を眺め、色が変わっていく空を眺める。じつは年を重ねても変わらず飛行機に乗るのが好きなのだ。

そんな時に撮った写真の一枚を、二〇二〇年からフェイスブックのカバーにしている。それまでは手打ちパスタなど料理の写真だったのでなぜ？　と聞かれることも。それは二〇二〇年から、自由に行き来ができなくなっていたコロナ禍ゆえ。そして、二年後にはじまったウクライナ戦争ゆえ。

このあとがきを書いている時点で、旅ができるようになったのは嬉しいけれど、平和はまだ戻ってはいない。すべて元どおり、と童話のようにはならないにしても、心配ごと少なく飛行機の窓からのんびり外を眺め、旅を楽しみ、イタリアごはんを楽しめるように、そんな人が増えるように、という想いを込めて、しばらくは飛行機の窓からの写真のままにしておこうと思っている。

二〇二三年三月　貝谷郁子

今までイタリア料理を語り、作り、味見させてくれたすべてのイタリア人たちに感謝します。日本で私の料理を食べてくれている家族、友人、レッスン参加者さん等々にも感謝。

Desidero ringraziare tutti gli italiani che in questi ultimi 30 anni mi hanno parlato della cucina italiana, mi hanno fatto assaggiare piatti squisiti.
Ringrazio anche la mia famiglia, i miei amici, i partecipanti alle mie lezioni con i quali condivido la mia cucina italiana.

著者について

貝谷郁子（かいたに・いくこ）

料理研究家。和歌山県出身、上智大学文学部卒業。イタリアを中心に国内外を問わず食文化と料理を取材研究。家庭料理の教室開催、メディアでの料理監修、レシピ開発や商品開発、執筆を手がけるほか、イタリア食の旅企画も行っている。『土曜日はイタリアン・キッチン』（宝島社）、『ルッカの幸せな料理から』（主婦の友社）、『幻のヴェネチア魚食堂』（晶文社）、『きょうはイタリアン日和』（PHP研究所）、『ちゃちゃっとイタリアン！』（宝島社）など著書多数。

HP : kaitani-ikuko.com
Instagram : ikuko_kaitani
Facebook : 貝谷郁子　https://www.facebook.com/ikuko.kaitani

パルミジャーノをひとふり

イタリア旅《たび》ごはん帖《ちょう》

著　者　貝谷郁子

2023年5月4日　第1版第1刷発行

発行者　株式会社亜紀書房
〒101-0051　東京都千代田区神田神保町1-32
TEL : 03-5280-0261
https://www.akishobo.com/

装丁　横須賀拓
装画　樋口達也

印刷・製本　株式会社トライ
https://www.try-sky.com/

ISBN 978-4-7505-1790-2　C0095

発酵ある台所　丸瀬由香里［料理］　森本菜穂子［写真］

塩麹、醤油麹、味噌、甘酒、豆造……麹を使った《発酵調味料》の作り方から、それらを使った簡単・手軽な料理を紹介！　自家製の発酵調味料を作ってしまえばあとは食材と混ぜるだけ。時間が料理をグッ！とおいしくしてくれる。〈いつもの料理がもっと豊かに、ラクになる〉毎日の食卓に＋αの提案をする一冊。

イン・マイ・ライフ　吉本由美

年をとるって、かくも愉しく忙しい——。70～80's『アンアン』『オリーブ』『クロワッサン』といった流行発信の最前線でインテリア・スタイリストの草分けとして目まぐるしく駆け巡った日々と、熊本ではじめた62歳からの仕事と暮らし。73歳となった一人暮らしの達人が、人生折々に見つけた“年をとる愉しみ”について綴るエッセー。